Heinrich Heine
Buch der Lieder

Heinrich Heine

Buch der Lieder

ANACONDA

Die Deutsche Bibliothek verzeichnet diese Publikation in der Deutschen Nationalbibliographie; detaillierte bibliographische Daten sind im Internet unter http://dnb.ddb.de abrufbar.

© 2005 Anaconda Verlag GmbH, Köln
Alle Rechte vorbehalten.
Umschlagmotiv: »The Horsewomen«, 1956–1962,
Marc Chagall, © Bridgeman Giraudon
Umschlaggestaltung: agilmedien, Köln
Satz und Layout: GEM mbH, Ratingen
Printed in Czech Republic 2005
ISBN 3-938484-48-9
info@anaconda-verlag.de

Vorrede zur zweiten Auflage

Diese neue Ausgabe des Buchs der Lieder kann ich dem überrheinischen Publikum nicht zuschicken, ohne sie mit freundlichen Grüßen in ehrlichster Prosa zu begleiten. Ich weiß nicht, welches wunderliche Gefühl mich davon abhält, dergleichen Vorworte, wie es bei Gedichtesammlungen üblich ist, in schönen Rhythmen zu versifizieren. Seit einiger Zeit sträubt sich etwas in mir gegen alle gebundene Rede, und wie ich höre, regt sich bei manchen Zeitgenossen eine ähnliche Abneigung. Es will mich bedünken, als sei in schönen Versen allzuviel gelogen worden, und die Wahrheit scheue sich in metrischen Gewanden zu erscheinen.

Nicht ohne Befangenheit übergebe ich der Lesewelt den erneuten Abdruck dieses Buches. Es hat mir die größte Überwindung gekostet, ich habe fast ein ganzes Jahr gezaudert, ehe ich mich zur flüchtigen Durchsicht desselben entschließen konnte. Bei seinem Anblick erwachte in mir all jenes Unbehagen, das mir einst vor zehn Jahren, bei der ersten Publikation, die Seele beklemmte. Verstehen wird diese Empfindung nur der Dichter oder Dichterling, der seine ersten Gedichte gedruckt sah. Erste Gedichte! Sie müssen auf nachlässigen, verblichenen Blättern geschrieben sein, dazwischen, hie und da, müssen welke Blumen liegen, oder eine blonde Locke, oder ein verfärbtes Stückchen Band, und an mancher Stelle muß noch die Spur einer Träne sichtbar sein … Erste Gedichte aber, die gedruckt sind, grell schwarz gedruckt auf entsetzlich glattem Papier, diese haben ihren süßesten, jungfräulichsten Reiz verloren und erregen bei dem Verfasser einen schauerlichen Mißmut.

Ja, es sind nun zehn Jahre, seitdem diese Gedichte zuerst erschienen, und ich gebe sie wie damals in chronologischer Folge, und ganz voran ziehen wieder Lieder, die in jenen früheren Jahren gedichtet worden, als die ersten Küsse der deutschen Muse in meiner Seele brannten. Ach! die Küsse dieser guten Dirne verloren seitdem sehr viel von ihrer Glut und Frische! Bei so langjährigem Verhältnis mußte die Inbrunst der Flitterwochen allmählich verrauchen; aber die Zärtlichkeit wurde manchmal um so herzlicher, besonders in schlechten Tagen, und da bewährte sie mir ihre ganze Liebe und Treue, die deutsche Muse! Sie tröstete mich in heimischen Drangsalen, folgte mir ins Exil, erheiterte mich in bösen Stunden des Verzagens, ließ mich nie im Stich, sogar in Geldnot wußte sie mir zu helfen, die deutsche Muse, die gute Dirne!

Ebensowenig wie an der Zeitfolge, änderte ich an den Gedichten selbst. Nur hie und da, in der ersten Abteilung, wurden einige Verse verbessert. Der Raumersparnis wegen habe ich die Dedikationen der ersten Auflage weggelassen. Doch kann ich nicht umhin zu erwähnen, daß das lyrische Intermezzo einem Buche entlehnt ist, welches unter dem Titel »Tragödien« im Jahr 1823 erschien und meinem Oheim Salomon Heine zugeeignet worden. Die hohe Achtung, die ich diesem großartigen Manne zollte, sowie auch meine Dankbarkeit für die Liebe, die er mir bewiesen, wollte ich durch jene Widmung beurkunden. »Die Heimkehr« welche zuerst in den Reisebildern erschien, ist der seligen Friederike Varnhagen von Ense gewidmet, und ich darf mich rühmen der erste gewesen zu sein, der diese große Frau mit öffentlicher Huldigung verehrte. Es war eine große Tat von August Varnhagen, daß er, alles kleinliche Bedenken abweisend, jene Briefe veröffentlichte, worin sich Rahel mit ihrer ganzen Persönlichkeit offenbart. Dieses Buch kam zur rechten Zeit, wo es eben am besten wirken, stärken und trösten konnte. Das Buch kam zur trostbedürftig rechten Zeit. Es ist als ob die Rahel wußte, welche posthume Sendung ihr beschieden war. Sie glaubte freilich es würde besser werden und wartete; doch als des Wartens kein Ende nahm, schüttelte sie ungeduldig den Kopf, sah Varnhagen an, und starb schnell – um desto schneller auferstehen zu können. Sie mahnt mich an die Sage jener anderen Rahel, die aus dem Grabe hervorstieg und an der Landstraße stand und weinte, als ihre Kinder in die Gefangenschaft zogen.

Ich kann ihrer nicht ohne Wehmut gedenken, der liebreichen Freundin, die mir immer die unermüdlichste Teilnahme widmete, und sich oft nicht wenig für mich ängstigte, in jener Zeit meiner jugendlichen Übermüten, in jener Zeit als die Flamme der Wahrheit mich mehr erhitzte als erleuchtete …

Diese Zeit ist vorbei! Ich bin jetzt mehr erleuchtet als erhitzt. Solche kühle Erleuchtung kommt aber immer zu spät bei den Menschen. Ich sehe jetzt im klarsten Lichte die Steine über welche ich gestolpert. Ich hätte ihnen so leicht ausweichen können, ohne darum einen unrechten Weg zu wandeln. Jetzt weiß ich auch, daß man in der Welt sich mit allem befassen kann, wenn man nur die dazu nötigen Handschuhe anzieht. Und dann sollten wir nur das tun, was tunlich ist und wozu wir am meisten Geschick haben, im Leben wie in der Kunst. Ach! zu den unseligsten Mißgriffen des Menschen gehört, daß er den Wert der Geschenke, die ihm die Natur am bequemsten entgegenträgt, kindisch verkennt, und dagegen die Güter, die ihm am schwersten zugänglich sind, für die kostbarsten ansieht. Den Edelstein, der im Schoße der Erde festgewachsen, die Perle, die in den Untiefen des Meeres verborgen, hält der Mensch für die besten Schätze; er würde sie geringachten, wenn die Natur sie gleich Kieseln und Muscheln zu seinen Füßen legte. Gegen unsere Vorzüge sind wir gleichgültig; über unsere Gebrechen suchen wir uns so lange zu täuschen, bis wir sie endlich für Vortrefflichkeiten halten. Als ich einst, nach einem Konzerte von Paganini, diesem Meister mit leidenschaftlichen Lobsprüchen über sein Violinspiel entgegentrat, unterbrach er mich mit den Worten: »Aber wie gefielen Ihnen heute meine Komplimente, meine Verbeugungen?«

Bescheidenen Sinnes und um Nachsicht bittend, übergebe ich dem Publikum das Buch der Lieder; für die Schwäche dieser Gedichte mögen vielleicht meine politischen, theologischen und philosophischen Schriften einigen Ersatz bieten.

Bemerken muß ich jedoch, daß meine poetischen, ebensogut wie meine politischen, theologischen und philosophischen Schriften, einem und demselben Gedanken entsprossen sind, und daß man die einen nicht verdammen darf, ohne den andern allen Beifall zu entziehen. Zugleich erlaube ich mir auch die Bemerkung, daß das Gerücht, als hätte jener Gedanken eine bedenkliche Umwandlung in meiner Seele erlitten, auf Angaben beruht, die ich ebenso verachten wie bedauern muß. Nur gewissen bornierten Geistern konnte die Milderung meiner Rede, oder gar mein erzwungenes Schweigen, als ein Abfall von mir selber erscheinen. Sie mißdeuteten meine Mäßigung, und das war um so liebloser, da ich doch nie ihre Überwut mißdeutet habe. Höchstens dürfte man mich einer Ermüdung beschuldigen. Aber ich habe ein Recht müde zu sein … Und dann muß jeder dem Gesetze der Zeit gehorchen, er mag wollen oder nicht …

Und scheint die Sonne noch so schön,
Am Ende muß sie untergehn!

Die Melodie dieser Verse summt mir schon den ganzen Morgen im Kopfe und klingt vielleicht wider aus allem was ich soeben geschrieben. In einem Stücke von Raimund, dem wackeren Komiker, der sich unlängst aus Melancholie totgeschossen, erscheinen Jugend und Alter als allegorische Personen, und das Lied welches die Jugend singt, wenn sie von dem Helden Abschied nimmt, beginnt mit den erwähnten Versen. Vor vielen Jahren, in München, sah ich dieses Stück, ich glaube es heißt »der Bauer als Millionär«. Sobald die Jugend abgeht, sieht man wie die Person des Helden, der allein auf der Szene zurückbleibt, eine sonderbare Veränderung erleidet. Sein braunes Haar wird allmählich grau und endlich schneeweiß; sein Rücken krümmt sich, seine Knie schlottern; an die Stelle des vorigen Ungestüms, tritt eine weinerliche Weichheit … das Alter erscheint.

Naht diese winterliche Gestalt auch schon dem Verfasser dieser Blätter? Gewahrst du schon, teurer Leser, eine ähnliche Umwandlung an dem Schriftsteller, der immer jugendlich, fast allzu jugendlich in der Literatur sich bewegte? Es ist ein betrübender Anblick, wenn ein Schriftsteller vor unseren Augen, angesichts des ganzen Publikums, allmählich alt wird. Wir haben's gesehen, nicht bei Wolfgang Goethe, dem ewigen Jüngling, aber bei August Wilhelm von Schlegel, dem bejahrten Gecken; wir haben's gesehen, nicht bei Adalbert Chamisso, der mit jedem Jahre sich blütenreicher verjüngt, aber wir sahen es bei Herrn Ludwig Tieck, dem ehemaligen romantischen Strohmian, der jetzt ein alter räudiger Muntsche geworden … Oh, ihr Götter! ich bitte euch nicht mir die Jugend zu lassen, aber laßt mir die Tugenden der Jugend, den uneigennützigen Groll, die uneigennützige Träne! Laßt mich nicht ein alter Polterer werden, der aus Neid die jüngeren Geister ankläfft, oder ein matter Jammermensch, der über die gute alte Zeit beständig flennt … Laßt mich ein Greis werden, der die Jugend liebt, und trotz der Altersschwäche noch immer teilnimmt an ihren Spielen und Gefahren! Mag immerhin meine Stimme zittern und beben, wenn nur der Sinn meiner Worte unerschrocken und frisch bleibt!

Sie lächelte gestern so sonderbar, halb mitleidig halb boshaft, die schöne Freundin, als sie mit ihren rosigen Fingern meine Lokken glättete ... Nicht wahr, du hast auf meinem Haupte einige weiße Haare bemerkt?

> »Und scheint die Sonne noch so schön,
> Am Ende muß sie untergehn.«

Geschrieben zu Paris im Frühjahr 1837.

Heinrich Heine.

Vorrede zur dritten Auflage

Das ist der alte Märchenwald!
Es duftet die Lindenblüte!
Der wunderbare Mondenglanz
Bezaubert mein Gemüte.

Ich ging fürbaß, und wie ich ging,
Erklang es in der Höhe.
Das ist die Nachtigall, sie singt
Von Lieb und Liebeswehe.

Sie singt von Lieb und Liebesweh,
Von Tränen und von Lachen,
Sie jubelt so traurig, sie schluchzet so froh,
Vergessene Träume erwachen. –

Ich ging fürbaß, und wie ich ging,
Da sah ich vor mir liegen,
Auf freiem Platz, ein großes Schloß,
Die Giebel hoch aufstiegen.

Verschlossene Fenster, überall
Ein Schweigen und ein Trauern;

Es schien als wohne der stille Tod
In diesen öden Mauern.

Dort vor dem Tor lag eine Sphinx,
Ein Zwitter von Schrecken und Lüsten,
Der Leib und die Tatzen wie ein Löw,
Ein Weib an Haupt und Brüsten.

Ein schönes Weib! Der weiße Blick,
Er sprach von wildem Begehren;
Die stummen Lippen wölbten sich
Und lächelten stilles Gewähren.

Die Nachtigall, sie sang so süß –
Ich konnt nicht widerstehen –
Und als ich küßte das holde Gesicht,
Da war's um mich geschehen.

Lebendig ward das Marmorbild,
Der Stein begann zu ächzen –
Sie trank meiner Küsse lodernde Glut,
Mit Dürsten und mit Lechzen.

Sie trank mir fast den Odem aus –
Und endlich, wollustheischend,
Umschlang sie mich, meinen armen Leib
Mit den Löwentatzen zerfleischend.

Entzückende Marter und wonniges Weh!
Der Schmerz wie die Lust unermeßlich!
Derweilen des Mundes Kuß mich beglückt,
Verwunden die Tatzen mich gräßlich.

Die Nachtigall sang: »O schöne Sphinx!
O Liebe! was soll es bedeuten,
Daß du vermischest mit Todesqual
All deine Seligkeiten?

O schöne Sphinx! O löse mir
Das Rätsel, das wunderbare!
Ich hab darüber nachgedacht
Schon manche tausend Jahre.«

Das hätte ich alles sehr gut in guter Prosa sagen können ... Wenn man aber die alten Gedichte wieder durchliest, um ihnen, behufs eines erneueten Abdrucks, einige Nachfeile zu erteilen, dann überschleicht einen unversehens die klingelnde Gewohnheit des Reims und Silbenfalls, und siehe! es sind Verse womit ich diese dritte Auflage des Buchs der Lieder eröffne. O Phöbus Apollo! sind diese Verse schlecht, so wirst du mir gern verzeihen ... Denn du bist ein allwissender Gott, und du weißt sehr gut, warum ich mich seit so vielen Jahren nicht mehr vorzugsweise mit Maß und Gleichklang der Wörter beschäftigen konnte ... Du weißt warum die Flamme, die einst in brillanten Feuerwerkspielen die Welt ergötzte, plötzlich zu weit ernsteren Bränden verwendet werden mußte ... Du weißt warum sie jetzt in schweigender Glut mein Herz verzehrt ... Du verstehst mich, großer schöner Gott, der du ebenfalls die goldene Leier zuweilen vertauschtest mit dem starken Bogen und den tödlichen Pfeilen ... Erinnerst du dich auch noch des Marsyas, den du lebendig geschunden? Es ist schon lange her, und ein ähnliches Beispiel tät wieder not ... Du lächelst, o mein ewiger Vater!

Geschrieben zu Paris den 20. Februar 1839.

Heinrich Heine.

Vorrede zur fünften Auflage

Der vierten Auflage dieses Buches konnte ich leider keine besondere Sorgfalt widmen, und sie wurde ohne vorhergehende Durchsicht abgedruckt. Eine Versäumnis solcher Art wiederholte sich glücklicherweise nicht bei dieser fünften Auflage, indem ich zufällig in dem Druckorte verweilte und die Korrektur selber besorgen konnte. Hier, in demselben Druckorte, bei Hoffmann und Campe in Hamburg, publiziere ich gleichzeitig, unter dem Titel »Neue Gedichte«, eine Sammlung poetischer Erzeugnisse, die wohl als der zweite Teil des »Buchs der Lieder« zu betrachten ist. – Den Freunden im Vaterlande meine heitersten Scheidegrüße!

Geschrieben zu Hamburg den 21. August 1844.

Heinrich Heine.

Junge Leiden

1817–1821

Traumbilder

I

Mir träumte einst von wildem Liebesglühn,
Von hübschen Locken, Myrten und Resede,
Von süßen Lippen und von bittrer Rede,
Von düstrer Lieder düstern Melodien.

Verblichen und verweht sind längst die Träume,
Verweht ist gar mein liebstes Traumgebild!
Geblieben ist mir nur, was glutenwild
Ich einst gegossen hab in weiche Reime.

Du bliebst, verwaistes Lied! Verweh jetzt auch,
Und such das Traumbild, das mir längst entschwunden,
Und grüß es mir, wenn du es aufgefunden –
Dem luft'gen Schatten send ich luft'gen Hauch.

II

Ein Traum, gar seltsam schauerlich,
Ergötzte und erschreckte mich.
Noch schwebt mir vor manch grausig Bild,
Und in dem Herzen wogt es wild.

Das war ein Garten, wunderschön,
Da wollt ich lustig mich ergehn;
Viel schöne Blumen sahn mich an,
Ich hatte meine Freude dran.

Es zwitscherten die Vögelein
Viel muntre Liebesmelodein;
Die Sonne rot, von Gold umstrahlt,
Die Blumen lustig bunt bemalt.

Viel Balsamduft aus Kräutern rinnt,
Die Lüfte wehen lieb und lind;
Und alles schimmert, alles lacht,
Und zeigt mir freundlich seine Pracht.

Inmitten in dem Blumenland
Ein klarer Marmorbrunnen stand;
Da schaut ich eine schöne Maid,
Die emsig wusch ein weißes Kleid.

Die Wänglein süß, die Äuglein mild,
Ein blondgelocktes Heil'genbild;
Und wie ich schau, die Maid ich fand
So fremd und doch so wohlbekannt.

Die schöne Maid, die sputet sich,
Sie summt ein Lied gar wunderlich:
»Rinne, rinne, Wässerlein,
Wasche mir das Linnen rein.«

Ich ging und nahete mich ihr,
Und flüsterte: »O sage mir,
Du wunderschöne, süße Maid,
Für wen ist dieses weiße Kleid?«

Da sprach sie schnell: »Sei bald bereit,
Ich wasche dir dein Totenkleid!«
Und als sie dies gesprochen kaum,
Zerfloß das ganze Bild, wie Schaum. –

Und fortgezaubert stand ich bald
In einem düstern, wilden Wald.
Die Bäume ragten himmelan;
Ich stand erstaunt und sann und sann.

Und horch! welch dumpfer Widerhall!
Wie ferner Äxtenschläge Schall;
Ich eil durch Busch und Wildnis fort,
Und komm an einen freien Ort.

Inmitten in dem grünen Raum,
Da stand ein großer Eichenbaum;
Und sieh! mein Mägdlein wundersam
Haut mit dem Beil den Eichenstamm.

Und Schlag auf Schlag, und sonder Weil,
Summt sie ein Lied und schwingt das Beil:
»Eisen blink, Eisen blank,
Zimmre hurtig Eichenschrank.«

Ich ging und nahete mich ihr,
Und flüsterte: »O sage mir,
Du wundersüßes Mägdelein,
Wem zimmerst du den Eichenschrein?«

Da sprach sie schnell: »Die Zeit ist karg,
Ich zimmre deinen Totensarg!«
Und als sie dies gesprochen kaum,
Zerfloß das ganze Bild, wie Schaum. –

Es lag so bleich, es lag so weit
Ringsum nur kahle, kahle Heid;
Ich wußte nicht wie mir geschah,
Und heimlich schaudernd stand ich da.

Und nun ich eben fürder schweif,
Gewahr ich einen weißen Streif;
Ich eilt drauf zu, und eilt und stand,
Und sieh! die schöne Maid ich fand.

Auf weiter Heid stand weiße Maid,
Grub tief die Erd mit Grabescheit.
Kaum wagt ich noch sie anzuschaun,
Sie war so schön und doch ein Graun.

Die schöne Maid, die sputet sich,
Sie summt ein Lied gar wunderlich:
»Spaten, Spaten, scharf und breit,
Schaufle Grube tief und weit.«

Ich ging und nahete mich ihr
Und flüsterte: »O sage mir,
Du wunderschöne, süße Maid,
Was diese Grube hier bedeut't?«

Da sprach sie schnell: »Sei still, ich hab
Geschaufelt dir ein kühles Grab.«
Und als so sprach die schöne Maid,
Da öffnet sich die Grube weit;

Und als ich in die Grube schaut,
Ein kalter Schauer mich durchgraut;
Und in die dunkle Grabesnacht
Stürzt ich hinein – und bin erwacht.

III

Im nächt'gen Traum hab ich mich selbst geschaut,
    In schwarzem Galafrack und seidner Weste,
    Manschetten an der Hand, als ging's zum Feste,
    Und vor mir stand mein Liebchen, süß und traut.
Ich beugte mich und sagte: »Sind Sie Braut?
    Ei! ei! so gratulier ich, meine Beste!«
    Doch fast die Kehle mir zusammenpreßte
    Der langgezogne, vornehm kalte Laut.
Und bittre Tränen plötzlich sich ergossen
    Aus Liebchens Augen, und in Tränenwogen
    Ist mir das holde Bildnis fast zerflossen.
O süße Augen, fromme Liebessterne,
    Obschon ihr mir im Wachen oft gelogen,
    Und auch im Traum, glaub ich euch dennoch gerne!

IV

Im Traum sah ich ein Männchen klein und putzig,
  Das ging auf Stelzen, Schritte ellenweit,
  Trug weiße Wäsche und ein feines Kleid,
  Inwendig aber war es grob und schmutzig.
Inwendig war es jämmerlich, nichtsnutzig,
  Jedoch von außen voller Würdigkeit;
  Von der Courage sprach es lang und breit,
  Und tat sogar recht trutzig und recht stutzig.
»Und weißt du, wer das ist? Komm her und schau!«
  So sprach der Traumgott, und er zeigt' mir schlau
  Die Bilderflut in eines Spiegels Rahmen.
Vor einem Altar stand das Männchen da,
  Mein Lieb daneben, beide sprachen: »Ja!«
  Und tausend Teufel riefen lachend: »Amen!«

V

Was treibt und tobt mein tolles Blut?
Was flammt mein Herz in wilder Glut?
Es kocht mein Blut und schäumt und gärt,
Und grimme Glut mein Herz verzehrt.

Das Blut ist toll, und gärt und schäumt,
Weil ich den bösen Traum geträumt:
Es kam der finstre Sohn der Nacht,
Und hat mich keuchend fortgebracht.

Er bracht mich in ein helles Haus,
Wo Harfenklang und Saus und Braus,
Und Fackelglanz und Kerzenschein;
Ich kam zum Saal, ich trat hinein.

Das war ein lustig Hochzeitfest;
Zu Tafel saßen froh die Gäst.
Und wie ich nach dem Brautpaar schaut –
O weh! mein Liebchen war die Braut.

Das war mein Liebchen wunnesam,
Ein fremder Mann war Bräutigam;
Dicht hinterm Ehrenstuhl der Braut,
Da blieb ich stehn, gab keinen Laut.

Es rauscht Musik – gar still stand ich;
Der Freudenlärm betrübte mich.
Die Braut, sie blickt so hochbeglückt,
Der Bräut'gam ihre Hände drückt.

Der Bräut'gam füllt den Becher sein,
Und trinkt daraus, und reicht gar fein
Der Braut ihn hin; sie lächelt Dank –
O weh! mein rotes Blut sie trank.

Die Braut ein hübsches Äpflein nahm,
Und reicht es hin dem Bräutigam.
Der nahm sein Messer, schnitt hinein –
O weh! das war das Herze mein.

Sie äugeln süß, sie äugeln lang,
Der Bräut'gam kühn die Braut umschlang,
Und küßt sie auf die Wangen rot –
O weh! mich küßt der kalte Tod.

Wie Blei lag meine Zung im Mund,
Daß ich kein Wörtlein sprechen kunnt.
Da rauscht es auf, der Tanz begann;
Das schmucke Brautpaar tanzt voran.

Und wie ich stand so leichenstumm,
Die Tänzer schweben flink herum; –
Ein leises Wort der Bräut'gam spricht,
Die Braut wird rot, doch zürnt sie nicht. –

VI

Im süßen Traum, bei stiller Nacht,
Da kam zu mir, mit Zaubermacht,
Mit Zaubermacht, die Liebste mein,
Sie kam zu mir ins Kämmerlein.

Ich schau sie an, das holde Bild!
Ich schau sie an, sie lächelt mild,
Und lächelt bis das Herz mir schwoll,
Und stürmisch kühn das Wort entquoll:

»Nimm hin, nimm alles was ich hab,
Mein Liebstes tret ich gern dir ab,
Dürft ich dafür dein Buhle sein,
Von Mitternacht bis Hahnenschrein.«

Da staunt' mich an gar seltsamlich,
So lieb, so weh, und inniglich,
Und sprach zu mir die schöne Maid:
»Oh, gib mir deine Seligkeit!«

»Mein Leben süß, mein junges Blut,
Gäb ich, mit Freud und wohlgemut,
Für dich, o Mädchen, engelgleich –
Doch nimmermehr das Himmelreich.«

Wohl braust hervor mein rasches Wort,
Doch blühet schöner immerfort,
Und immer spricht die schöne Maid:
»Oh, gib mir deine Seligkeit!«

Dumpf dröhnt dies Wort mir ins Gehör,
Und schleudert mir ein Glutenmeer
Wohl in der Seele tiefsten Raum;
Ich atme schwer, ich atme kaum. –

Das waren weiße Engelein,
Umglänzt von goldnem Glorienschein;

Nun aber stürmte wild herauf
Ein gräulich schwarzer Koboldhauf.

Die rangen mit den Engelein,
Und drängten fort die Engelein;
Und endlich auch die schwarze Schar
In Nebelduft zerronnen war. –

Ich aber wollt in Lust vergehn,
Ich hielt im Arm mein Liebchen schön;
Sie schmiegt sich an mich wie ein Reh,
Doch weint sie auch mit bitterm Weh.

Feinsliebchen weint; ich weiß warum,
Und küß ihr Rosenmündlein stumm. –
»O still, Feinslieb, die Tränenflut,
Ergib dich meiner Liebesglut.

Ergib dich meiner Liebesglut –«
Da plötzlich starrt zu Eis mein Blut;
Laut bebet auf der Erde Grund,
Und öffnet gähnend sich ein Schlund.

Und aus dem schwarzen Schlunde steigt
Die schwarze Schar; – Feinslieb erbleicht!
Aus meinen Armen schwand Feinslieb;
Ich ganz alleine stehen blieb.

Da tanzt im Kreise wunderbar,
Um mich herum, die schwarze Schar,
Und drängt heran, erfaßt mich bald,
Und gellend Hohngelächter schallt.

Und immer enger wird der Kreis,
Und immer summt die Schauerweis:
»Du gabest hin die Seligkeit,
Gehörst uns nun in Ewigkeit!«

VII

Nun hast du das Kaufgeld, nun zögerst du doch?
Blutfinstrer Gesell, was zögerst du noch?
Schon sitze ich harrend im Kämmerlein traut,
Und Mitternacht naht schon – es fehlt nur die Braut.

Viel schauernde Lüftchen vom Kirchhofe wehn; –
Ihr Lüftchen! habt ihr mein Bräutchen gesehn?
Viel blasse Larven gestalten sich da,
Umknixen mich grinsend, und nicken: O ja!

Pack aus, was bringst du für Botschafterei,
Du schwarzer Schlingel in Feuerlivrei?
»Die gnädige Herrschaft meldet sich an,
Gleich kommt sie gefahren im Drachengespann.«

Du lieb grau Männchen, was ist dein Begehr?
Mein toter Magister, was treibt dich her?
Er schaut mich mit schweigend trübseligem Blick,
Und schüttelt das Haupt, und wandelt zurück.

Was winselt und wedelt der zott'ge Gesell?
Was glimmert schwarz Katers Auge so hell?
Was heulen die Weiber mit fliegendem Haar?
Was lullt mir Frau Amme mein Wiegenlied gar?

Frau Amme bleib heut mit dem Singsang zu Haus,
Das Eiapopeia ist lange schon aus;
Ich feire ja heute mein Hochzeitfest –
Da schau mal, dort kommen schon zierliche Gäst.

Da schau mal! Ihr Herren, das nenn ich galant!
Ihr tragt, statt der Hüte, die Köpf in der Hand!
Ihr Zappelbeinleutchen im Galgenornat,
Der Wind ist still, was kommt ihr so spat?

Da kommt auch alt Besenstielmütterchen schon,
Ach segne mich, Mütterchen, bin ja dein Sohn.

Da zittert der Mund im weißen Gesicht:
»In Ewigkeit amen!« das Mütterchen spricht.

Zwölf winddürre Musiker schlendern herein;
Blind Fidelweib holpert wohl hintendrein.
Da schleppt der Hanswurst, in buntscheckiger Jack,
Den Totengräber huckepack.

Es tanzen zwölf Klosterjungfrauen herein;
Die schielende Kupplerin führet den Reihn.
Es folgen zwölf lüsterne Pfäffelein schon,
Und pfeifen ein Schandlied im Kirchenton.

Herr Trödler, o schrei dir nicht blau das Gesicht,
Im Fegfeuer nützt mir dein Pelzröckel nicht;
Dort heizet man gratis jahraus, jahrein,
Statt mit Holz, mit Fürsten- und Bettlergebein.

Die Blumenmädchen sind bucklicht und krumm,
Und purzeln kopfüber im Zimmer herum.
Ihr Eulengesichter mit Heuschreckenbein,
Hei! laßt mir das Rippengeklapper nur sein!

Die sämtliche Höll ist los fürwahr,
Und lärmet und schwärmet in wachsender Schar.
Sogar der Verdammniswalzer erschallt –
Still, still! nun kommt mein Feinsliebchen auch bald.

Gesindel sei still, oder trolle dich fort!
Ich höre kaum selber mein leibliches Wort –
Ei, rasselt nicht eben ein Wagen vor?
Frau Köchin! wo bist du? schnell öffne das Tor.

Willkommen, Feinsliebchen, wie geht's dir, mein Schatz?
Willkommen Herr Pastor, ach nehmen Sie Platz!
Herr Pastor mit Pferdefuß und Schwanz,
Ich bin Eur Ehrwürden Diensteigener ganz!

Lieb Bräutchen, was stehst du so stumm und bleich?
Der Herr Pastor schreitet zur Trauung sogleich;
Wohl zahl ich ihm teure, blutteure Gebühr,
Doch dich zu besitzen gilt's Kinderspiel mir.

Knie nieder, süß Bräutchen, knie hin mir zur Seit! –
Da kniet sie, da sinkt sie – o selige Freud! –
Sie sinkt mir ans Herz, an die schwellende Brust,
Ich halt sie umschlungen mit schauernder Lust.

Die Goldlockenwellen umspielen uns beid;
An mein Herze pocht das Herze der Maid.
Sie pochen wohl beide vor Lust und vor Weh,
Und schweben hinauf in die Himmelshöh.

Die Herzlein schwimmen im Freudensee,
Dort oben in Gottes heil'ger Höh;
Doch auf den Häuptern, wie Grausen und Brand,
Da hat die Hölle gelegt die Hand.

Das ist der finstre Sohn der Nacht,
Der hier den segnenden Priester macht;
Er murmelt die Formel aus blutigem Buch,
Sein Beten ist Lästern, sein Segnen ist Fluch.

Und es krächzet und zischet und heulet toll,
Wie Wogengebrause, wie Donnergeroll; –
Da blitzet auf einmal ein bläuliches Licht –
»In Ewigkeit amen!« das Mütterchen spricht.

VIII

Ich kam von meiner Herrin Haus,
Und wandelt in Wahnsinn und Mitternachtgraus.
Und wie ich am Kirchhof vorübergehn will,
Da winken die Gräber ernst und still.

Da winkt's von des Spielmanns Leichenstein;
Das war der flimmernde Mondesschein.

Da lispelt's: »Lieb Bruder, ich komme gleich!«
Da steigt's aus dem Grabe nebelbleich.

Der Spielmann war's, der entstiegen jetzt,
Und hoch auf den Leichenstein sich setzt.
In die Saiten der Zither greift er schnell,
Und singt dabei recht hohl und grell:

    »Ei! kennt Ihr noch das alte Lied,
    Das einst so wild die Brust durchglüht,
    Ihr Saiten dumpf und trübe?
    Die Engel, die nennen es Himmelsfreud,
    Die Teufel, die nennen es Höllenleid,
    Die Menschen, die nennen es: Liebe!«

Kaum tönte des letzten Wortes Schall,
Da taten sich auf die Gräber all;
Viel Luftgestalten dringen hervor,
Umschweben den Spielmann und schrillen im Chor:

    »Liebe! Liebe! deine Macht
    Hat uns hier zu Bett gebracht,
    Und die Augen zugemacht –
    Ei, was rufst du in der Nacht?«

So heult es verworren, und ächzet und girrt,
Und brauset und sauset, und krächzet und klirrt;
Und der tolle Schwarm den Spielmann umschweift,
Und der Spielmann wild in die Saiten greift:

    »Bravo! bravo! immer toll!
    Seid willkommen!
    Habt vernommen
    Daß mein Zauberwort erscholl!

    Liegt man doch jahraus, jahrein,
    Mäuschenstill im Kämmerlein;
    Laßt uns heute lustig sein!
    Mit Vergunst –

Seht erst zu, sind wir allein? –
Narren waren wir im Leben,

Und mit toller Wut ergeben
Einer tollen Liebsbrunst.
Kurzweil kann uns heut nicht fehlen,
Jeder soll hier treu erzählen,
Was ihn weiland hergebracht,
Wie gehetzt,
Wie zerfetzt
Ihn die tolle Liebesjagd.«

Da hüpft aus dem Kreise, so leicht wie der Wind,
Ein mageres Wesen, das summend beginnt:

»Ich war ein Schneidergeselle,
Mit Nadel und mit Scher;
Ich war so flink und schnelle
Mit Nadel und mit Scher;
Da kam die Meisterstochter
Mit Nadel und mit Scher;
Und hat mir ins Herz gestochen
Mit Nadel und mit Scher.«

Da lachten die Geister im lustigen Chor;
Ein zweiter trat still und ernst hervor:

»Den Rinaldo Rinaldini,
Schinderhanno, Orlandini,
Und besonders Carlo Moor
Nahm ich mir als Muster vor.

Auch verliebt – mit Ehr zu melden –
Hab ich mich, wie jene Helden,
Und das schönste Frauenbild
Spukte mir im Kopfe wild.

Und wenn ich seufzte auch und girrte;
Und wenn Liebe mich verwirrte,

Steckt ich meine Finger rasch
In des Herren Nachbars Tasch.

Doch als der Gassenvogt mir grollte,
Daß ich Sehnsuchtstränen wollte
Trocknen mit dem Taschentuch,
Das mein Nachbar bei sich trug.

Und nach frommer Häschersitte
Nahm man still mich in die Mitte,
Und das Zuchthaus, heilig groß,
Schloß mir auf den Mutterschoß.

Schwelgend süß in Liebessinnen,
Saß ich dort beim Wollespinnen,
Bis Rinaldos Schatten kam
Und die Seele mit sich nahm.«

Da lachten die Geister im lustigen Chor;
Geschminkt und geputzt trat ein dritter hervor:

»Ich war ein König der Bretter,
Und spielte das Liebhaberfach,
Ich brüllte manch wildes: Ihr Götter!
Ich seufzte manch zärtliches: Ach!

Den Mortimer spielt ich am besten,
Maria war immer so schön!
Doch trotz der natürlichsten Gesten,
Sie wollte mich nimmer verstehn. –

Einst als ich verzweifelnd am Ende
›Maria, du Heilige!‹ rief,
Da nahm ich den Dolch behende –
Und stach mich ein bißchen zu tief.«

Da lachten die Geister im lustigen Chor;
Im weißen Flausch trat ein vierter hervor:

»Vom Katheder schwatzte herab der Professor,
Er schwatzte, und ich schlief gut dabei ein;
Doch hätt mir's behagt noch tausendmal besser
Bei seinem holdseligen Töchterlein.

Sie hatt mir oft zärtlich am Fenster genicket,
Die Blume der Blumen, mein Lebenslicht!
Doch die Blume der Blumen ward endlich gepflücket
Vom dürren Philister, dem reichen Wicht.

Da flucht ich den Weibern und reichen Halunken,
Und mischte mir Teufelskraut in den Wein,
Und hab mit dem Tode Smollis getrunken –
Der sprach: ›Fiduzit, ich heiße Freund Hein!‹«

Da lachten die Geister im lustigen Chor;
Einen Strick um den Hals trat ein fünfter hervor:

»Es prunkte und prahlte der Graf beim Wein
Mit dem Töchterchen sein und dem Edelgestein.
Was schert mich, du Gräflein, dein Edelstein,
Mir mundet weit besser dein Töchterlein.

Sie lagen wohl beid unter Riegel und Schloß,
Und der Graf besold'te viel Dienertroß.
Was scheren mich Diener und Riegel und Schloß –
Ich stieg getrost auf die Leitersproß.

An Liebchens Fensterlein klettr ich getrost,
Da hör ich es unten fluchen erbost:
›Fein sachte, mein Bübchen, muß auch dabeisein,
Ich liebe ja auch das Edelgestein.‹

So spöttelt der Graf und erfaßt mich gar,
Und jauchzend umringt mich die Dienerschar.
›Zum Teufel, Gesindel! ich bin ja kein Dieb;
Ich wollte nur stehlen mein trautes Lieb!‹

Da half kein Gerede, da half kein Rat,
Da machte man hurtig die Stricke parat;

Wie die Sonne kam, da wundert sie sich,
Am hellen Galgen fand sie mich.«

Da lachten die Geister im lustigen Chor;
Den Kopf in der Hand tritt ein sechster hervor:

»Zum Weidwerk trieb mich Liebesharm;
Ich schlich umher, die Büchs im Arm.
Da schnarret's hohl vom Baum herab,
Der Rabe rief: ›Kopf – ab! Kopf – ab!‹

Oh, spürt ich doch ein Täubchen aus,
Ich brächt es meinem Lieb nach Haus!
So dacht ich, und in Busch und Strauch
Späht rings umher mein Jägeraug.

Was koset dort? was schnäbelt fein?
Zwei Turteltäubchen mögen's sein.
Ich schleich herbei – den Hahn gespannt –
Sieh da! mein eignes Lieb ich fand.

Das war mein Täubchen, meine Braut,
Ein fremder Mann umarmt sie traut –
Nun, alter Schütze, treffe gut! –
Da lag der fremde Mann im Blut.

Bald drauf ein Zug mit Henkersfron –
Ich selbst dabei als Hauptperson –
Den Wald durchzog. Vom Baum herab
Der Rabe rief: ›Kopf – ab! Kopf – ab!‹«

Da lachten die Geister im lustigen Chor;
Da trat der Spielmann selber hervor:

»Ich hab mal ein Liedchen gesungen,
Das schöne Lied ist aus;
Wenn das Herz im Leibe zersprungen,
Dann gehen die Lieder nach Haus!«

Und das tolle Gelächter sich doppelt erhebt,
Und die bleiche Schar im Kreise schwebt.
Da scholl vom Kirchturm »Eins« herab,
Da stürzten die Geister sich heulend ins Grab.

IX

Ich lag und schlief, und schlief recht mild,
Verscheucht war Gram und Leid;
Da kam zu mir ein Traumgebild,
Die allerschönste Maid.

Sie war wie Marmelstein so bleich,
Und heimlich wunderbar;
Im Auge schwamm es perlengleich,
Gar seltsam wallt' ihr Haar.

Und leise, leise sich bewegt
Die marmorblasse Maid,
Und an mein Herz sich niederlegt
Die marmorblasse Maid.

Wie bebt und pocht vor Weh und Lust,
Mein Herz, und brennet heiß!
Nicht bebt, nicht pocht der Schönen Brust,
Die ist so kalt wie Eis.

»Nicht bebt, nicht pocht wohl meine Brust,
Die ist wie Eis so kalt;
Doch kenn auch ich der Liebe Lust,
Der Liebe Allgewalt.

Mir blüht kein Rot auf Mund und Wang,
Mein Herz durchströmt kein Blut;
Doch sträube dich nicht schaudernd bang,
Ich bin dir hold und gut.«

Und wilder noch umschlang sie mich,
Und tat mir fast ein Leid;

Da kräht der Hahn – und stumm entwich
Die marmorblasse Maid.

X

Da hab ich viel blasse Leichen
Beschworen mit Wortesmacht;
Die wollen nun nicht mehr weichen
Zurück in die alte Nacht.

Das zähmende Sprüchlein vom Meister
Vergaß ich vor Schauer und Graus;
Nun ziehn die eignen Geister
Mich selber ins neblichte Haus.

Laßt ab, ihr finstern Dämonen!
Laßt ab, und drängt mich nicht!
Noch manche Freude mag wohnen
Hier oben im Rosenlicht.

Ich muß ja immer streben
Nach der Blume wunderhold;
Was bedeutet' mein ganzes Leben,
Wenn ich sie nicht lieben sollt?

Ich möcht sie nur einmal umfangen,
Und pressen ans glühende Herz!
Nur einmal auf Lippen und Wangen
Küssen den seligsten Schmerz.

Nur einmal aus ihrem Munde
Möcht ich hören ein liebendes Wort –
Alsdann wollt ich folgen zur Stunde
Euch, Geister, zum finsteren Ort.

Die Geister haben's vernommen,
Und nicken schauerlich.
Feinsliebchen, nun bin ich gekommen;
Feinsliebchen, liebst du mich?

Lieder

I

Morgens steh ich auf und frage:
Kommt Feinsliebchen heut?
Abends sink ich hin und klage:
Ausblieb sie auch heut.

In der Nacht mit meinem Kummer
Lieg ich schlaflos, wach;
Träumend, wie im halben Schlummer,
Wandle ich bei Tag.

II

Es treibt mich hin, es treibt mich her!
Noch wenige Stunden, dann soll ich sie schauen,
Sie selber die schönste der schönen Jungfrauen; –
Du treues Herz, was pochst du so schwer!

Die Stunden sind aber ein faules Volk!
Schleppen sich behaglich träge,
Schleichen gähnend ihre Wege; –
Tummle dich, du faules Volk!

Tobende Eile mich treibend erfaßt!
Aber wohl niemals liebten die Horen; –
Heimlich im grausamen Bunde verschworen,
Spotten sie tückisch der Liebenden Hast.

III

Ich wandelte unter den Bäumen
Mit meinem Gram allein;
Da kam das alte Träumen,
Und schlich mir ins Herz hinein.

Wer hat euch dies Wörtlein gelehret,
Ihr Vöglein in luftiger Höh?
Schweigt still, wenn mein Herz es höret,
Dann tut es noch einmal so weh.

»Es kam ein Jungfräulein gegangen
Die sang es immerfort,
Da haben wir Vöglein gefangen
Das hübsche, goldne Wort.«

Das sollt ihr mir nicht mehr erzählen,
Ihr Vöglein wunderschlau;
Ihr wollt meinen Kummer mir stehlen,
Ich aber niemanden trau.

IV

Lieb Liebchen, leg 's Händchen aufs Herze mein; –
Ach, hörst du, wie's pocht im Kämmerlein?
Da hauset ein Zimmermann schlimm und arg,
Der zimmert mir einen Totensarg.

Es hämmert und klopfet bei Tag und bei Nacht;
Es hat mich schon längst um den Schlaf gebracht.
Ach! sputet Euch, Meister Zimmermann,
Damit ich balde schlafen kann.

V

Schöne Wiege meiner Leiden,
Schönes Grabmal meiner Ruh,
Schöne Stadt, wir müssen scheiden –
Lebe wohl, ruf ich dir zu.

Lebe wohl, du heil'ge Schwelle,
Wo da wandelt Liebchen traut;
Lebe wohl! du heil'ge Stelle,
Wo ich sie zuerst geschaut.

Hätt ich dich doch nie gesehen,
Schöne Herzenskönigin!
Nimmer wär es dann geschehen,
Daß ich jetzt so elend bin.

Nie wollt ich dein Herze rühren,
Liebe hab ich nie erfleht;
Nur ein stilles Leben führen
Wollt ich, wo dein Odem weht.

Doch du drängst mich selbst von hinnen,
Bittre Worte spricht dein Mund;
Wahnsinn wühlt in meinen Sinnen,
Und mein Herz ist krank und wund.

Und die Glieder matt und träge
Schlepp ich fort am Wanderstab,
Bis mein müdes Haupt ich lege
Ferne in ein kühles Grab.

VI

Warte, warte, wilder Schiffsmann,
Gleich folg ich zum Hafen dir;
Von zwei Jungfraun nehm ich Abschied,
Von Europa und von Ihr.

Blutquell, rinn aus meinen Augen,
Blutquell, brich aus meinem Leib,
Daß ich mit dem heißen Blute
Meine Schmerzen niederschreib.

Ei, mein Lieb, warum just heute
Schauderst du, mein Blut zu sehn?
Sahst mich bleich und herzeblutend
Lange Jahre vor dir stehn!

Kennst du noch das alte Liedchen
Von der Schlang im Paradies,

Die durch schlimme Apfelgabe
Unsern Ahn ins Elend stieß?

Alles Unheil brachten Äpfel!
Eva bracht damit den Tod,
Eris brachte Trojas Flammen,
Du brachtst beides, Flamm und Tod.

VII

Berg' und Burgen schaun herunter
In den spiegelhellen Rhein,
Und mein Schiffchen segelt munter,
Rings umglänzt von Sonnenschein.

Ruhig seh ich zu dem Spiele
Goldner Wellen, kraus bewegt;
Still erwachen die Gefühle,
Die ich tief im Busen hegt.

Freundlich grüßend und verheißend
Lockt hinab des Stromes Pracht;
Doch ich kenn ihn, oben gleißend,
Birgt sein Innres Tod und Nacht.

Oben Lust, im Busen Tücken,
Strom, du bist der Liebsten Bild!
Die kann auch so freundlich nicken,
Lächelt auch so fromm und mild.

VIII

Anfangs wollt ich fast verzagen,
Und ich glaubt ich trüg es nie,
Und ich hab es doch getragen –
Aber fragt mich nur nicht, wie?

IX

Mit Rosen, Zypressen und Flittergold
Möcht ich verzieren, lieblich und hold,
Dies Buch wie einen Totenschrein,
Und sargen meine Lieder hinein.

O könnt ich die Liebe sargen hinzu!
Am Grabe der Liebe wächst Blümlein der Ruh,
Da blüht es hervor, da pflückt man es ab –
Doch mir blüht's nur, wenn ich selber im Grab.

Hier sind nun die Lieder, die einst so wild,
Wie ein Lavastrom, der dem Ätna entquillt,
Hervorgestürzt aus dem tiefsten Gemüt,
Und rings viel blitzende Funken versprüht!

Nun liegen sie stumm und Toten gleich,
Nun starren sie kalt und nebelbleich.
Doch aufs neu die alte Glut sie belebt,
Wenn der Liebe Geist einst über sie schwebt.

Und es wird mir im Herzen viel Ahnung laut:
Der Liebe Geist einst über sie taut;
Einst kommt dies Buch in deine Hand,
Du süßes Lieb im fernen Land.

Dann löst sich des Liedes Zauberbann,
Die blassen Buchstaben schaun dich an,
Sie schauen dir flehend ins schöne Aug,
Und flüstern mit Wehmut und Liebeshauch.

Romanzen

I
Der Traurige

Allen tut es weh im Herzen,
Die den bleichen Knaben sehn,
Dem die Leiden, dem die Schmerzen
Aufs Gesicht geschrieben stehn.

Mitleidvolle Lüfte fächeln
Kühlung seiner heißen Stirn;
Labung möcht ins Herz ihm lächeln
Manche sonst so spröde Dirn.

Aus dem wilden Lärm der Städter
Flüchtet er sich nach dem Wald.
Lustig rauschen dort die Blätter,
Lust'ger Vogelsang erschallt.

Doch der Sang verstummet balde,
Traurig rauschet Baum und Blatt,
Wenn der Traurige dem Walde
Langsam sich genähert hat.

II
Die Bergstimme

Ein Reiter durch das Bergtal zieht,
Im traurig stillen Trab:
»Ach! zieh ich jetzt wohl in Liebchens Arm,
Oder zieh ich ins dunkle Grab?«
Die Bergstimm Antwort gab:
»Ins dunkle Grab!«

Und weiter reitet der Reitersmann,
Und seufzet schwer dazu:
»So zieh ich denn hin ins Grab so früh –

Wohlan im Grab ist Ruh.«
Die Stimme sprach dazu:
»Im Grab ist Ruh!«

Dem Reitersmann eine Träne rollt
Von der Wange kummervoll:
»Und ist nur im Grabe die Ruhe für mich –
So ist mir im Grabe wohl.«
Die Stimm erwidert hohl:
»Im Grabe wohl!«

III
Zwei Brüder

Oben auf der Bergesspitze
Liegt das Schloß in Nacht gehüllt;
Doch im Tale leuchten Blitze,
Helle Schwerter klirren wild.

Das sind Brüder, die dort fechten
Grimmen Zweikampf, wutentbrannt.
Sprich, warum die Brüder rechten
Mit dem Schwerte in der Hand?

Gräfin Lauras Augenfunken
Zündeten den Brüderstreit;
Beide glühen liebestrunken
Für die adlig holde Maid.

Welchem aber von den beiden
Wendet sich ihr Herze zu?
Kein Ergrübeln kann's entscheiden –
Schwert heraus, entscheide du!

Und sie fechten kühn verwegen,
Hieb auf Hiebe niederkracht's.
Hütet euch, ihr wilden Degen,
Böses Blendwerk schleicht des Nachts.

Wehe! Wehe! blut'ge Brüder!
Wehe! Wehe! blut'ges Tal!
Beide Kämpfer stürzen nieder,
Einer in des andern Stahl. –

Viel Jahrhunderte verwehen,
Viel Geschlechter deckt das Grab;
Traurig von des Berges Höhen
Schaut das öde Schloß herab.

Aber nachts, im Talesgrunde,
Wandelt's heimlich, wunderbar,
Wenn da kommt die zwölfte Stunde,
Kämpfet dort das Brüderpaar.

IV
Der arme Peter

1

Der Hans und die Grete tanzen herum,
Und jauchzen vor lauter Freude.
Der Peter steht so still und stumm,
Und ist so blaß wie Kreide.

Der Hans und die Grete sind Bräut'gam und Braut,
Und blitzen im Hochzeitgeschmeide.
Der arme Peter die Nägel kaut
Und geht im Werkeltagskleide.

Der Peter spricht leise vor sich her,
Und schaut betrübet auf beide:
»Ach! wenn ich nicht gar zu vernünftig wär,
Ich täte mir was zuleide.«

2

»In meiner Brust, da sitzt ein Weh,
Das will die Brust zersprengen;

Und wo ich steh und wo ich geh,
Will's mich von hinnen drängen.

Es treibt mich nach der Liebsten Näh,
Als könnt's die Grete heilen;
Doch wenn ich der ins Auge seh,
Muß ich von hinnen eilen.

Ich steig hinauf des Berges Höh,
Dort ist man doch alleine;
Und wenn ich still dort oben steh,
Dann steh ich still und weine.«

3

Der arme Peter wankt vorbei,
Gar langsam, leichenblaß und scheu.
Es bleiben fast, wenn sie ihn sehn,
Die Leute auf der Straße stehn.

Die Mädchen flüstern sich ins Ohr:
»Der stieg wohl aus dem Grab hervor.«
Ach nein, ihr lieben Jungfräulein,
Der legt sich erst ins Grab hinein.

Er hat verloren seinen Schatz,
Drum ist das Grab der beste Platz,
Wo er am besten liegen mag,
Und schlafen bis zum Jüngsten Tag.

V
Lied des Gefangenen

Als meine Großmutter die Lise behext,
Da wollten die Leut sie verbrennen.
Schon hatte der Amtmann viel Dinte verkleckst,
Doch wollte sie nicht bekennen.

Und als man sie in den Kessel schob,
Da schrie sie Mord und Wehe;
Und als sich der schwarze Qualm erhob,
Da flog sie als Rab in die Höhe.

Mein schwarzes, gefiedertes Großmütterlein!
O komm mich im Turme besuchen!
Komm, fliege geschwind durchs Gitter herein,
Und bringe mir Käse und Kuchen.

Mein schwarzes, gefiedertes Großmütterlein!
O möchtest du nur sorgen,
Daß die Muhme nicht auspickt die Augen mein,
Wenn ich luftig schwebe morgen.

VI
Die Grenadiere

Nach Frankreich zogen zwei Grenadier',
Die waren in Rußland gefangen.
Und als sie kamen ins deutsche Quartier,
Sie ließen die Köpfe hangen.

Da hörten sie beide die traurige Mär:
Daß Frankreich verlorengegangen,
Besiegt und zerschlagen das große Heer –
Und der Kaiser, der Kaiser gefangen.

Da weinten zusammen die Grenadier'
Wohl ob der kläglichen Kunde.
Der eine sprach: »Wie weh wird mir,
Wie brennt meine alte Wunde.«

Der andre sprach: »Das Lied ist aus,
Auch ich möcht mit dir sterben,
Doch hab ich Weib und Kind zu Haus,
Die ohne mich verderben.«

»Was schert mich Weib, was schert mich Kind,
Ich trage weit beßres Verlangen;
Laß sie betteln gehn, wenn sie hungrig sind –
Mein Kaiser, mein Kaiser gefangen!

Gewähr mir Bruder eine Bitt:
Wenn ich jetzt sterben werde,
So nimm meine Leiche nach Frankreich mit,
Begrab mich in Frankreichs Erde.

Das Ehrenkreuz am roten Band
Sollst du aufs Herz mir legen;
Die Flinte gib mir in die Hand,
Und gürt mir um den Degen.

So will ich liegen und horchen still,
Wie eine Schildwach, im Grabe,
Bis einst ich höre Kanonengebrüll,
Und wiehernder Rosse Getrabe.

Dann reitet mein Kaiser wohl über mein Grab,
Viel Schwerter klirren und blitzen;
Dann steig ich gewaffnet hervor aus dem Grab –
Den Kaiser, den Kaiser zu schützen.«

VII
Die Botschaft

Mein Knecht! steh auf und sattle schnell,
Und wirf dich auf dein Roß,
Und jage rasch, durch Wald und Feld,
Nach König Duncans Schloß.

Dort schleiche in den Stall, und wart,
Bis dich der Stallbub schaut.
Den forsch mir aus: »Sprich, welche ist
Von Duncans Töchtern Braut?«

Und spricht der Bub: »Die Braune ist's«,
So bring mir schnell die Mär.
Doch spricht der Bub: »Die Blonde ist's«,
So eilt das nicht so sehr.

Dann geh zum Meister Seiler hin,
Und kauf mir einen Strick,
Und reite langsam, sprich kein Wort,
Und bring mir den zurück.

VIII
Die Heimführung

Ich geh nicht allein, mein feines Lieb,
Du mußt mit mir wandern
Nach der lieben, alten, schaurigen Klause,
In dem trüben, kalten, traurigen Hause,
Wo meine Mutter am Eingang kaurt,
Und auf des Sohnes Heimkehr laurt.

»Laß ab von mir, du finstrer Mann!
Wer hat dich gerufen?
Dein Odem glüht, deine Hand ist Eis,
Dein Auge sprüht, deine Wang ist weiß; –
Ich aber will mich lustig freun
An Rosenduft und Sonnenschein.«

Laß duften die Rosen, laß scheinen die Sonn,
Mein süßes Liebchen!
Wirf um den weiten, weißwallenden Schleier,
Und greif in die Saiten der schallenden Leier,
Und singe ein Hochzeitslied dabei;
Der Nachtwind pfeift die Melodei.

XI
Don Ramiro

»Donna Clara! Donna Clara!
Heißgeliebte langer Jahre!

Hast beschlossen mein Verderben,
und beschlossen ohn Erbarmen.

Donna Clara! Donna Clara!
Ist doch süß die Lebensgabe!
Aber unten ist es grausig,
In dem dunkeln, kalten Grabe.

Donna Clara! Freu dich, morgen
Wird Fernando, am Altare,
Dich als Ehgemahl begrüßen –
Wirst du mich zur Hochzeit laden?«

»Don Ramiro! Don Ramiro!
Deine Worte treffen bitter,
Bittrer als der Spruch der Sterne,
Die da spotten meines Willens.

Don Ramiro! Don Ramiro!
Rüttle ab den dumpfen Trübsinn;
Mädchen gibt es viel auf Erden,
Aber uns hat Gott geschieden.

Don Ramiro, der du mutig,
So viel Mohren überwunden,
Überwinde nun dich selber –
Komm auf meine Hochzeit morgen.«

»Donna Clara! Donna Clara!
Ja, ich schwör es, ja, ich komme!
Will mit dir den Reihen tanzen; –
Gute Nacht, ich komme morgen.«

»Gute Nacht!« – Das Fenster klirrte.
Seufzend stand Ramiro unten,
Stand noch lange wie versteinert;
Endlich schwand er fort im Dunkeln. –

Endlich auch, nach langem Ringen,
Muß die Nacht dem Tage weichen;
Wie ein bunter Blumengarten
Liegt Toledo ausgebreitet.

Prachtgebäude und Paläste
Schimmern hell im Glanz der Sonne;
Und der Kirchen hohe Kuppeln
Leuchten stattlich wie vergoldet.

Summend, wie ein Schwarm von Bienen,
Klingt der Glocken Festgeläute,
Lieblich steigen Betgesänge
Aus den frommen Gotteshäusern.

Aber dorten, siehe! siehe!
Dorten aus der Marktkapelle,
Im Gewimmel und Gewoge,
Strömt des Volkes bunte Menge.

Blanke Ritter, schmucke Frauen,
Hofgesinde festlich blinkend,
Und die hellen Glocken läuten,
Und die Orgel rauscht dazwischen.

Doch mit Ehrfurcht ausgewichen,
In des Volkes Mitte wandelt
Das geschmückte junge Ehpaar,
Donna Clara, Don Fernando.

Bis an Bräutigams Palasttor
Wälzet sich das Volksgewühle;
Dort beginnt die Hochzeitfeier,
Prunkhaft und nach alter Sitte.

Ritterspiel und frohe Tafel
Wechseln unter lautem Jubel;
Rauschend schnell entfliehn die Stunden,
Bis die Nacht herabgesunken.

Und zum Tanze sich versammeln
In dem Saal die Hochzeitgäste:
In dem Glanz der Lichter funkeln
Ihre bunten Prachtgewänder.

Auf erhobne Stühle ließen
Braut und Bräutigam sich nieder,
Donna Clara, Don Fernando,
Und sie tauschen süße Reden.

Und im Saale wogen heiter
Die geschmückten Menschenwellen
Und die lauten Pauken wirbeln,
Und es schmettern die Trommeten.

»Doch warum, o schöne Herrin,
Sind gerichtet deine Blicke
Dorthin nach der Saalesecke?«
So verwundert sprach der Ritter.

»Siehst du denn nicht, Don Fernando,
Dort den Mann im schwarzen Mantel?«
Und der Ritter lächelt freundlich:
»Ach! das ist ja nur ein Schatten.«

Doch es nähert sich der Schatten,
Und es war ein Mann im Mantel;
Und Ramiro schnell erkennend,
Grüßt ihn Clara, glutbefangen.

Und der Tanz hat schon begonnen,
Munter drehen sich die Tänzer
In des Walzers wilden Kreisen,
Und der Boden dröhnt und bebet.

»Wahrlich gerne, Don Ramiro,
Will ich dir zum Tanze folgen,
Doch im nächtlich schwarzen Mantel
Hättest du nicht kommen sollen.«

Mit durchbohrend stieren Augen
Schaut Ramiro auf die Holde,
Sie umschlingend spricht er düster:
»Sprachest ja ich sollte kommen!«

Und ins wirre Tanzgetümmel
Drängen sich die beiden Tänzer;
Und die lauten Pauken wirbeln,
Und es schmettern die Trommeten.

»Sind ja schneeweiß deine Wangen!«
Flüstert Clara heimlich zitternd.
»Sprachest ja ich sollte kommen!«
Schallet dumpf Ramiros Stimme.

Und im Saal die Kerzen blinzeln
Durch das flutende Gedränge;
Und die lauten Pauken wirbeln,
Und es schmettern die Trommeten.

»Sind ja eiskalt deine Hände!«
Flüstert Clara, schauerzuckend.
»Sprachest ja ich sollte kommen!«
Und sie treiben fort im Strudel.

»Laß mich, laß mich! Don Ramiro!
Leichenduft ist ja dein Odem!«
Wiederum die dunklen Worte:
»Sprachest ja ich sollte kommen!«

Und der Boden raucht und glühet,
Lustig tönet Geig und Bratsche;
Wie ein tolles Zauberweben,
Schwindelt alles in dem Saale.

»Laß mich, laß mich! Don Ramiro!«
Wimmert's immer im Gewoge.
Don Ramiro stets erwidert:
»Sprachest ja ich sollte kommen!«

»Nun so geh in Gottes Namen!«
Clara rief's mit fester Stimme,
Und dies Wort war kaum gesprochen,
Und verschwunden war Ramiro.

Clara starret, Tod im Antlitz,
Kaltumflirret, nachtumwoben;
Ohnmacht hat das lichte Bildnis
In ihr dunkles Reich gezogen.

Endlich weicht der Nebelschlummer,
Endlich schlägt sie auf die Wimper;
Aber Staunen will aufs neue
Ihre holden Augen schließen.

Denn derweil der Tanz begonnen
War sie nicht vom Sitz gewichen,
Und sie sitzt noch bei dem Bräut'gam,
Und der Ritter sorgsam bittet:

»Sprich, was bleichet deine Wangen?
Warum wird dein Aug so dunkel? —«
»Und Ramiro? — — —« stottert Clara,
Und Entsetzen lähmt die Zunge.

Doch mit tiefen, ernsten Falten
Furcht sich jetzt des Bräut'gams Stirne:
»Herrin, forsch nicht blut'ge Kunde —
Heute mittag starb Ramiro.«

X
Belsazar

Die Mitternacht zog näher schon;
In stummer Ruh lag Babylon.

Nur oben in des Königs Schloß,
Da flackert's, da lärmt des Königs Troß.

Dort oben in dem Königssaal,
Belsazar hielt sein Königsmahl.

Die Knechte saßen in schimmernden Reihn,
Und leerten die Becher mit funkelndem Wein.

Es klirrten die Becher, es jauchzten die Knecht;
So klang es dem störrigen Könige recht.

Des Königs Wangen leuchten Glut;
Im Wein erwuchs ihm kecker Mut.

Und blindlings reißt der Mut ihn fort;
Und er lästert die Gottheit mit sündigem Wort.

Und er brüstet sich frech, und lästert wild;
Die Knechtenschar ihm Beifall brüllt.

Der König rief mit stolzem Blick;
Der Diener eilt und kehrt zurück.

Er trug viel gülden Gerät auf dem Haupt;
Das war aus dem Tempel Jehovas geraubt.

Und der König ergriff mit frevler Hand
Einen heiligen Becher, gefüllt bis am Rand.

Und er leert ihn hastig bis auf den Grund,
Und rufet laut mit schäumendem Mund:

»Jehova! dir künd ich auf ewig Hohn –
Ich bin der König von Babylon!«

Doch kaum das grause Wort verklang,
Dem König ward's heimlich im Busen bang.

Das gellende Lachen verstummte zumal;
Es wurde leichenstill im Saal.

Und sieh! und sieh! an weißer Wand
Da kam's hervor wie Menschenhand;

Und schrieb, und schrieb an weißer Wand
Buchstaben von Feuer, und schrieb und schwand.

Der König stieren Blicks dasaß,
Mit schlotternden Knien und totenblaß.

Die Knechtenschar saß kalt durchgraut,
Und saß gar still, gab keinen Laut.

Die Magier kamen, doch keiner verstand
Zu deuten die Flammenschrift an der Wand.

Belsazar ward aber in selbiger Nacht
Von seinen Knechten umgebracht.

XI
Die Minnesänger

Zu dem Wettgesange schreiten
Minnesänger jetzt herbei;
Ei, das gibt ein seltsam Streiten,
Ein gar seltsames Turnei!

Phantasie, die schäumend wilde,
Ist des Minnesängers Pferd,
Und die Kunst dient ihm zum Schilde,
Und das Wort, das ist sein Schwert.

Hübsche Damen schauen munter
Vom beteppichten Balkon,
Doch die rechte ist nicht drunter
Mit der rechten Lorbeerkron.

Andre Leute, wenn sie springen
In die Schranken, sind gesund;
Doch wir Minnesänger bringen
Dort schon mit die Todeswund.

Und wem dort am besten dringet
Liederblut aus Herzensgrund,
Der ist Sieger, der erringet
Bestes Lob aus schönstem Mund.

XII
Die Fensterschau

Der bleiche Heinrich ging vorbei,
Schön Hedwig lag am Fenster.
Sie sprach halblaut: »Gott steh mir bei,
Der unten schaut bleich wie Gespenster!«

Der unten erhub sein Aug in die Höh,
Hinschmachtend nach Hedewigs Fenster.
Schön Hedwig ergriff es wie Liebesweh,
Auch sie ward bleich wie Gespenster.

Schön Hedwig stand nun mit Liebesharm
Tagtäglich lauernd am Fenster.
Bald aber lag sie in Heinrichs Arm,
Allnächtlich zur Zeit der Gespenster.

XIII
Der wunde Ritter

Ich weiß eine alte Kunde,
Die hallet dumpf und trüb:
Ein Ritter liegt liebeswunde,
Doch treulos ist sein Lieb.

Als treulos muß er verachten
Die eigne Herzliebste sein,
Als schimpflich muß er betrachten
Die eigne Liebespein.

Er möcht in die Schranken reiten,
Und rufen die Ritter zum Streit:
»Der mag sich zum Kampfe bereiten,
Wer mein Lieb eines Makels zeiht!«

Da würden wohl alle schweigen,
Nur nicht sein eigener Schmerz;

Da müßt er die Lanze neigen
Wider 's eigne klagende Herz.

XIV
Wasserfahrt

Ich stand gelehnet an den Mast,
Und zählte jede Welle.
Ade! mein schönes Vaterland!
Mein Schiff, das segelt schnelle!

Ich kam schön Liebchens Haus vorbei,
Die Fensterscheiben blinken;
Ich guck mir fast die Augen aus,
Doch will mir niemand winken.

Ihr Tränen bleibt mir aus dem Aug,
Daß ich nicht dunkel sehe.
Mein krankes Herze, brich mir nicht
Vor allzu großem Wehe.

XV
Das Liedchen von der Reue

Herr Ulrich reitet im grünen Wald,
Die Blätter lustig rauschen.
Er sieht eine holde Mädchengestalt
Durch Baumeszweige lauschen.

Der Junker spricht: »Wohl kenne ich
Dies blühende, glühende Bildnis,
Verlockend stets umschwebt es mich
In Volksgewühl und Wildnis.

Zwei Röslein sind die Lippen dort,
Die lieblichen, die frischen;
Doch manches häßlich bittre Wort
Schleicht tückisch oft dazwischen.

Drum gleicht dies Mündlein gar genau
Den hübschen Rosenbüschen,
Wo gift'ge Schlangen wunderschlau
Im dunkeln Laube zischen.

Dort jenes Grübchen wunderlieb
In wunderlieben Wangen,
Das ist die Grube, worein mich trieb
Wahnsinniges Verlangen.

Dort seh ich ein schönes Lockenhaar
Vom schönsten Köpfchen hangen;
Das sind die Netze wunderbar,
Womit mich der Böse gefangen.

Und jenes blaue Auge dort,
So klar, wie stille Welle,
Das hielt ich für des Himmels Pfort,
Doch war's die Pforte der Hölle.« –

Herr Ulrich reitet weiter im Wald,
Die Blätter rauschen schaurig.
Da sieht er von fern eine zweite Gestalt,
Die ist so bleich, so traurig.

Der Junker spricht: »O Mutter dort,
Die mich so mütterlich liebte,
Der ich mit bösem Tun und Wort
Das Leben bitterlich trübte!

Oh, könnt ich dir trocknen die Augen naß,
Mit der Glut von meinen Schmerzen!
Oh, könnt ich dir röten die Wangen blaß
Mit dem Blut aus meinem Herzen!«

Und weiter reitet Herr Ulerich,
Im Wald beginnt es zu düstern,
Viel seltsame Stimmen regen sich,
Die Abendwinde flüstern.

Der Junker hört die Worte sein
Gar vielfach widerklingen.
Das taten die spöttischen Waldvöglein,
Die zwitschern laut und singen:

»Herr Ulrich singt ein hübsches Lied,
Das Liedchen von der Reue,
Und hat er zu Ende gesungen das Lied,
So singt er es wieder aufs neue.«

XVI

An eine Sängerin
Als sie eine alte Romanze sang

Ich denke noch der Zaubervollen,
Wie sie zuerst mein Auge sah!
Wie ihre Töne lieblich klangen,
Und heimlich süß ins Herze drangen,
Entrollten Tränen meinen Wangen –
Ich wußte nicht wie mir geschah.

Ein Traum war über mich gekommen:
Mir war als sei ich noch ein Kind,
Und säße still, beim Lämpchenscheine,
In Mutters frommem Kämmerleine,
Und läse Märchen wunderfeine,
Derweilen draußen Nacht und Wind.

Die Märchen fangen an zu leben,
Die Ritter steigen aus der Gruft;
Bei Ronzisvall da gibt's ein Streiten,
Da kommt Herr Roland herzureiten,
Viel kühne Degen ihn begleiten,
Auch leider Ganelon, der Schuft.

Durch den wird Roland schlimm gebettet,
Er schwimmt in Blut, und atmet kaum;
Kaum mochte fern sein Jagdhornzeichen

Das Ohr des großen Karls erreichen,
Da muß der Ritter schon erbleichen –
Und mit ihm stirbt zugleich mein Traum.

Das war ein laut verworrnes Schallen,
Das mich aus meinen Träumen rief.
Verklungen war jetzt die Legende,
Die Leute schlugen in die Hände,
Und riefen »bravo« ohne Ende;
Die Sängerin verneigt sich tief.

XVII
Das Lied von den Dukaten

Meine güldenen Dukaten,
Sagt wo seid ihr hingeraten?

Seid ihr bei den güldnen Fischlein,
Die im Bache froh und munter
Tauchen auf und tauchen unter?

Seid ihr bei den güldnen Blümlein,
Die auf lieblich grüner Aue
Funkeln hell im Morgentaue?

Seid ihr bei den güldnen Vöglein,
Die da schweifen glanzumwoben
In den blauen Lüften oben?

Seid ihr bei den güldnen Sternlein,
Die im leuchtenden Gewimmel
Lächeln jede Nacht am Himmel?

Ach! Ihr güldenen Dukaten
Schwimmt nicht in des Baches Well,
Funkelt nicht auf grüner Au,
Schwebet nicht in Lüften blau,
Lächelt nicht am Himmel hell –

Meine Manichäer, traun!
Halten euch in ihren Klaun.

XVIII
Gespräch auf der Paderborner Heide

Hörst du nicht die fernen Töne,
Wie von Brummbaß und von Geigen?
Dorten tanzt wohl manche Schöne
Den geflügelt leichten Reigen.

»Ei, mein Freund, das nenn ich irren,
Von den Geigen hör ich keine,
Nur die Ferklein hör ich quirren,
Grunzen nur hör ich die Schweine.«

Hörst du nicht das Waldhorn blasen?
Jäger sich des Weidwerks freuen,
Fromme Lämmer seh ich grasen,
Schäfer spielen auf Schalmeien.

»Ei, mein Freund, was du vernommen,
Ist kein Waldhorn, noch Schalmeie;
Nur den Sauhirt seh ich kommen,
Heimwärts treibt er seine Säue.«

Hörst du nicht das ferne Singen,
Wie von süßen Wettgesängen?
Englein schlagen mit den Schwingen
Lauten Beifall solchen Klängen.

»Ei, was dort so hübsch geklungen,
Ist kein Wettgesang, mein Lieber!
Singend treiben Gänsejungen
Ihre Gänselein vorüber.«

Hörst du nicht die Glocken läuten,
Wunderlieblich, wunderhelle?

Fromme Kirchengänger schreiten
Andachtsvoll zur Dorfkapelle.

»Ei, mein Freund, das sind die Schellen
Von den Ochsen, von den Kühen,
Die nach ihren dunkeln Ställen
Mit gesenktem Kopfe ziehen.«

Siehst du nicht den Schleier wehen?
Siehst du nicht das leise Nicken?
Dort seh ich die Liebste stehen,
Feuchte Wehmut in den Blicken.

»Ei! mein Freund, dort seh ich nicken
Nur das Waldweib, nur die Lise;
Blaß und hager an den Krücken
Hinkt sie weiter nach der Wiese.«

Nun, mein Freund, so magst du lachen
Über des Phantasten Frage!
Wirst du auch zur Täuschung machen,
Was ich fest im Busen trage?

XIX
Lebensgruß
(Stammbuchblatt)

Eine große Landstraß ist unsere Erd,
Wir Menschen sind Passagiere;
Man rennet und jaget zu Fuß und zu Pferd,
Wie Läufer oder Kuriere.

Man fährt sich vorüber, man nicket, man grüßt
Mit dem Taschentuch aus der Karosse;
Man hätte sich gerne geherzt und geküßt,
Doch jagen von hinnen die Rosse.

Kaum trafen wir uns auf derselben Station,
Herzlichster Prinz Alexander,

Da bläst schon zur Abfahrt der Postillion,
Und bläst uns schon auseinander.

XX
Wahrhaftig

Wenn der Frühling kommt mit dem Sonnenschein,
Dann knospen und blühen die Blümlein auf;
Wenn der Mond beginnt seinen Strahlenlauf,
Dann schwimmen die Sternlein hintendrein;
Wenn der Sänger zwei süße Äuglein sieht,
Dann quellen ihm Lieder aus tiefem Gemüt; –
Doch Lieder und Sterne und Blümelein,
Und Äuglein und Mondglanz und Sonnenschein,
Wie sehr das Zeug auch gefällt,
So macht's doch noch lang keine Welt.

Sonette

An A. W. v. Schlegel

Im Reifrockputz, mit Blumen reich verzieret,
    Schönpflästerchen auf den geschminkten Wangen,
    Mit Schnabelschuhn, mit Stickerein behangen,
    Mit Turmfrisur, und wespengleich geschnüret:
So war die Aftermuse ausstaffieret,
    Als sie einst kam, dich liebend zu umfangen.
    Du bist ihr aber aus dem Weg gegangen,
    Und irrtest fort, von dunkelm Trieb geführet.
Da fandest du ein Schloß in alter Wildnis,
    Und drinnen lag, wie 'n holdes Marmorbildnis,
    Die schönste Maid in Zauberschlaf versunken.
Doch wich der Zauber bald, bei deinem Gruße
    Aufwachte lächelnd Deutschlands echte Muse,
    Und sank in deine Arme liebestrunken.

An meine Mutter, B. Heine, geborne v. Geldern

I

Ich bin's gewohnt den Kopf recht hoch zu tragen,
    Mein Sinn ist auch ein bißchen starr und zähe;
    Wenn selbst der König mir ins Antlitz sähe,
    Ich würde nicht die Augen niederschlagen.
Doch, liebe Mutter, offen will ich's sagen:
    Wie mächtig auch mein stolzer Mut sich blähe,
    In deiner selig süßen, trauten Nähe
    Ergreift mich oft ein demutvolles Zagen.
Ist es dein Geist, der heimlich mich bezwinget,
    Dein hoher Geist, der alles kühn durchdringet,
    Und blitzend sich zum Himmelslichte schwinget?
Quält mich Erinnerung, daß ich verübet
    So manche Tat, die dir das Herz betrübet,
    Das schöne Herz, das mich so sehr geliebet?

II

Im tollen Wahn hatt ich dich einst verlassen,
    Ich wollte gehn die ganze Welt zu Ende,
    Und wollte sehn ob ich die Liebe fände,
    Um liebevoll die Liebe zu umfassen.
Die Liebe suchte ich auf allen Gassen,
    Vor jeder Türe streckt ich aus die Hände,
    Und bettelte um g'ringe Liebesspende –
    Doch lachend gab man mir nur kaltes Hassen.
Und immer irrte ich nach Liebe, immer
    Nach Liebe, doch die Liebe fand ich nimmer,
    Und kehrte um nach Hause, krank und trübe.
Doch da bist du entgegen mir gekommen,
    Und ach! was da in deinem Aug geschwommen,
    Das war die süße, langgesuchte Liebe.

An H. S.

Wie ich dein Büchlein hastig aufgeschlagen,
  Da grüßen mir entgegen viel vertraute,
  Viel goldne Bilder, die ich weiland schaute
  Im Knabentraum und in den Kindertagen.
Ich sehe wieder stolz gen Himmel ragen
  Den frommen Dom, den deutscher Glaube baute,
  Ich hör der Glocken und der Orgel Laute,
  Dazwischen klingt's wie süße Liebesklagen.
Wohl seh ich auch wie sie den Dom umklettern,
  Die flinken Zwerglein, die sich dort erfrechen
  Das hübsche Blum- und Schnitzwerk abzubrechen.
Doch mag man immerhin die Eich entblättern
  Und sie des grünen Schmuckes rings berauben –
  Kommt neuer Lenz, wird sie sich neu belauben.

Fresko-Sonette an Christian S.

I

Ich tanz nicht mit, ich räuchre nicht den Klötzen,
  Die außen goldig sind, inwendig Sand;
  Ich schlag nicht ein, reicht mir ein Bub die Hand,
  Der heimlich mir den Namen will zerfetzen.
Ich beug mich nicht vor jenen hübschen Metzen,
  Die schamlos prunken mit der eignen Schand;
  Ich zieh nicht mit, wenn sich der Pöbel spannt
  Vor Siegeswagen seiner eiteln Götzen.
Ich weiß es wohl, die Eiche muß erliegen,
  Derweil das Rohr am Bach, durch schwankes Biegen,
  In Wind und Wetter stehn bleibt, nach wie vor.
Doch sprich, wie weit bringt's wohl am End solch Rohr?
  Welch Glück! als ein Spazierstock dient's dem Stutzer,
  Als Kleiderklopfer dient's dem Stiefelputzer.

II

Gib her die Larv, ich will mich jetzt maskieren
    In einen Lumpenkerl, damit Halunken,
    Die prächtig in Charaktermasken prunken,
    Nicht wähnen, ich sei einer von den Ihren.
Gib her gemeine Worte und Manieren,
    Ich zeige mich in Pöbelart versunken,
    Verleugne all die schönen Geistesfunken,
    Womit jetzt fade Schlingel kokettieren.
So tanz ich auf dem großen Maskenballe,
    Umschwärmt von deutschen Rittern, Mönchen, Kön'gen,
    Von Harlekin gegrüßt, erkannt von wen'gen.
Mit ihrem Holzschwert prügeln sie mich alle.
    Das ist der Spaß. Denn wollt ich mich entmummen,
    So müßte all das Galgenpack verstummen.

III

Ich lache ob den abgeschmackten Laffen,
    Die mich anglotzen mit den Bocksgesichtern;
    Ich lache ob den Füchsen, die so nüchtern
    Und hämisch mich beschnüffeln und begaffen.
Ich lache ob den hochgelahrten Affen,
    Die sich aufblähn zu stolzen Geistesrichtern;
    Ich lache ob den feigen Bösewichtern,
    Die mich bedrohn mit giftgetränkten Waffen.
Denn wenn des Glückes hübsche Siebensachen
    Uns von des Schicksals Händen sind zerbrochen,
    Und so zu unsern Füßen hingeschmissen;
Und wenn das Herz im Leibe ist zerrissen,
    Zerrissen, und zerschnitten, und zerstochen –
    Dann bleibt uns doch das schöne gelle Lachen.

IV

Im Hirn spukt mir ein Märchen wunderfein,
    Und in dem Märchen klingt ein feines Lied,
    Und in dem Liede lebt und webt und blüht
    Ein wunderschönes, zartes Mägdelein.

Und in dem Mägdlein wohnt ein Herzchen klein,
  Doch in dem Herzchen keine Liebe glüht;
  In dieses lieblos frostige Gemüt
  Kam Hochmut nur und Übermut hinein.
Hörst du wie mir im Kopf das Märchen klinget?
  Und wie das Liedchen summet ernst und schaurig?
  Und wie das Mägdlein kichert, leise, leise?
Ich fürchte nur, daß mir der Kopf zerspringet –
  Und, ach! da wär's doch gar entsetzlich traurig,
  Käm der Verstand mir aus dem alten Gleise.

V

In stiller, wehmutweicher Abendstunde,
  Umklingen mich die längst verschollnen Lieder,
  Und Tränen fließen von der Wange nieder,
  Und Blut entquillt der alten Herzenswunde.
Und wie in eines Zauberspiegels Grunde
  Seh ich das Bildnis meiner Liebsten wieder;
  Sie sitzt am Arbeitstisch, im roten Mieder,
  Und Stille herrscht in ihrer sel'gen Runde.
Doch plötzlich springt sie auf vom Stuhl und schneidet
  Von ihrem Haupt die schönste aller Locken,
  Und gibt sie mir – vor Freud bin ich erschrocken!
Mephisto hat die Freude mir verleidet.
  Er spann ein festes Seil von jenen Haaren,
  Und schleift mich dran herum seit vielen Jahren.

VI

»Als ich vor einem Jahr dich wiederblickte,
  Küßtest du mich nicht in der Willkommstund.«
  So sprach ich, und der Liebsten roter Mund
  Den schönsten Kuß auf meine Lippen drückte.
Und lächelnd süß ein Myrtenreis sie pflückte
  Vom Myrtenstrauche, der am Fenster stund:
  »Nimm hin, und pflanz dies Reis in frischen Grund,
  Und stell ein Glas darauf«, sprach sie und nickte. –
Schon lang ist's her. Es starb das Reis im Topf.

Sie selbst hab ich seit Jahren nicht gesehn;
Doch brennt der Kuß mir immer noch im Kopf.
Und aus der Ferne trieb's mich jüngst zum Ort,
Wo Liebchen wohnt. Vorm Hause blieb ich stehn
Die ganze Nacht, ging erst am Morgen fort.

VII

Hüt dich, mein Freund, vor grimmen Teufelsfratzen,
Doch schlimmer sind die sanften Engelsfrätzchen.
Ein solches bot mir einst ein süßes Schmätzchen,
Doch wie ich kam, da fühlt ich scharfe Tatzen.
Hüt dich, mein Freund, vor schwarzen, alten Katzen,
Doch schlimmer sind die weißen, jungen Kätzchen.
Ein solches macht ich einst zu meinem Schätzchen,
Doch tät mein Schätzchen mir das Herz zerkratzen.
O süßes Frätzchen, wundersüßes Mädchen!
Wie konnte mich dein klares Äuglein täuschen?
Wie konnt dein Pfötchen mir das Herz zerfleischen?
O meines Kätzchens wunderzartes Pfötchen!
Könnt ich dich an die glühnden Lippen pressen,
Und könnt mein Herz verbluten unterdessen!

VIII

Du sahst mich oft im Kampf mit jenen Schlingeln,
Geschminkten Katzen und bebrillten Pudeln,
Die mir den blanken Namen gern besudeln,
Und mich so gerne ins Verderben züngeln.
Du sahest oft, wie mich Pedanten hudeln,
Wie Schellenkappenträger mich umklingeln,
Wie gift'ge Schlangen um mein Herz sich ringeln;
Du sahst mein Blut aus tausend Wunden sprudeln.
Du aber standest fest gleich einem Turme;
Ein Leuchtturm war dein Kopf mir in dem Sturme,
Dein treues Herz war mir ein guter Hafen.
Wohl wogt um jenen Hafen wilde Brandung,
Nur wen'ge Schiff erringen dort die Landung,
Doch ist man dort, so kann man sicher schlafen.

IX

Ich möchte weinen, doch ich kann es nicht;
Ich möcht mich rüstig in die Höhe heben,
Doch kann ich's nicht; am Boden muß ich kleben,
Umkrächzt, umzischt von eklem Wurmgezücht.
Ich möchte gern mein heitres Lebenslicht,
Mein schönes Lieb, allüberall umschweben,
In ihrem selig süßen Hauche leben –
Doch kann ich's nicht, mein krankes Herze bricht.
Aus dem gebrochnen Herzen fühl ich fließen
Mein heißes Blut, ich fühle mich ermatten,
Und vor den Augen wird's mir trüb und trüber.
Und heimlich schauernd sehn ich mich hinüber
Nach jenem Nebelreich, wo stille Schatten
Mit weichen Armen liebend mich umschließen.

Lyrisches Intermezzo

1822–1825

Prolog

Es war mal ein Ritter trübselig und stumm,
Mit hohlen, schneeweißen Wangen;
Er schwankte und schlenderte schlotternd herum,
In dumpfen Träumen befangen.
Er war so hölzern, so täppisch, so links,
Die Blümlein und Mägdlein, die kicherten rings,
Wenn er stolpernd vorbeigegangen.

Oft saß er im finstersten Winkel zu Haus;
Er hatt sich vor Menschen verkrochen.
Da streckte er sehnend die Arme aus,
Doch hat er kein Wörtlein gesprochen.
Kam aber die Mitternachtstunde heran,
Ein seltsames Singen und Klingen begann –
An die Türe da hört er es pochen.

Da kommt seine Liebste geschlichen herein,
Im rauschenden Wellenschaumkleide,
Sie blüht und glüht, wie ein Röselein,
Ihr Schleier ist eitel Geschmeide.
Goldlocken umspielen die schlanke Gestalt,
Die Äuglein grüßen mit süßer Gewalt –
In die Arme sinken sich beide.

Der Ritter umschlingt sie mit Liebesmacht,
Der Hölzerne steht jetzt in Feuer,
Der Blasse errötet, der Träumer erwacht,
Der Blöde wird freier und freier.
Sie aber, sie hat ihn gar schalkhaft geneckt,
Sie hat ihm ganz leise den Kopf bedeckt
Mit dem weißen, demantenen Schleier.

In einen kristallenen Wasserpalast
Ist plötzlich gezaubert der Ritter.
Er staunt, und die Augen erblinden ihm fast,
Vor alle dem Glanz und Geflitter.
Doch hält ihn die Nixe umarmet gar traut,
Der Ritter ist Bräut'gam, die Nixe ist Braut,
Ihre Jungfraun spielen die Zither.

Sie spielen und singen, und singen so schön,
Und heben zum Tanze die Füße;
Dem Ritter dem wollen die Sinne vergehn,
Und fester umschließt er die Süße –
Da löschen auf einmal die Lichter aus,
Der Ritter sitzt wieder ganz einsam zu Haus,
In dem düstern Poetenstübchen.

I

Im wunderschönen Monat Mai,
Als alle Knospen sprangen,
Da ist in meinem Herzen
Die Liebe aufgegangen.

Im wunderschönen Monat Mai,
Als alle Vögel sangen,
Da hab ich ihr gestanden
Mein Sehnen und Verlangen.

II

Aus meinen Tränen sprießen
Viel blühende Blumen hervor,
Und meine Seufzer werden
Ein Nachtigallenchor.

Und wenn du mich liebhast, Kindchen,
Schenk ich dir die Blumen all,

Und vor deinem Fenster soll klingen
Das Lied der Nachtigall.

III

Die Rose, die Lilie, die Taube, die Sonne,
Die liebt ich einst alle in Liebeswonne.
Ich lieb sie nicht mehr, ich liebe alleine
Die Kleine, die Feine, die Reine, die Eine;
Sie selber, aller Liebe Bronne,
Ist Rose und Lilie und Taube und Sonne.

IV

Wenn ich in deine Augen seh,
So schwindet all mein Leid und Weh;
Doch wenn ich küsse deinen Mund,
So werd ich ganz und gar gesund.

Wenn ich mich lehn an deine Brust,
Kommt's über mich wie Himmelslust;
Doch wenn du sprichst: »Ich liebe dich!«
So muß ich weinen bitterlich.

V

Dein Angesicht so lieb und schön,
Das hab ich jüngst im Traum gesehn;
Es ist so mild und engelgleich,
Und doch so bleich, so schmerzenbleich.

Und nur die Lippen, die sind rot;
Bald aber küßt sie bleich der Tod.
Erlöschen wird das Himmelslicht,
Das aus den frommen Augen bricht.

VI

Lehn deine Wang an meine Wang,
Dann fließen die Tränen zusammen;
Und an mein Herz drück fest dein Herz,
Dann schlagen zusammen die Flammen!

Und wenn in die große Flamme fließt
Der Strom von unsern Tränen,
Und wenn dich mein Arm gewaltig umschließt –
Sterb ich vor Liebessehnen!

VII

Ich will meine Seele tauchen
In den Kelch der Lilie hinein;
Die Lilie soll klingend hauchen
Ein Lied von der Liebsten mein.

Das Lied soll schauern und beben,
Wie der Kuß von ihrem Mund,
Den sie mir einst gegeben
In wunderbar süßer Stund.

VIII

Es stehen unbeweglich
Die Sterne in der Höh,
Viel tausend Jahr, und schauen
Sich an mit Liebesweh.

Sie sprechen eine Sprache,
Die ist so reich, so schön;
Doch keiner der Philologen
Kann diese Sprache verstehn.

Ich aber hab sie gelernet,
Und ich vergesse sie nicht;
Mir diente als Grammatik
Der Herzallerliebsten Gesicht.

IX

Auf Flügeln des Gesanges,
Herzliebchen, trag ich dich fort,
Fort nach den Fluren des Ganges,
Dort weiß ich den schönsten Ort.

Dort liegt ein rotblühender Garten
Im stillen Mondenschein;
Die Lotosblumen erwarten
Ihr trautes Schwesterlein.

Die Veilchen kichern und kosen,
Und schaun nach den Sternen empor;
Heimlich erzählen die Rosen
Sich duftende Märchen ins Ohr.

Es hüpfen herbei und lauschen
Die frommen, klugen Gazelln;
Und in der Ferne rauschen
Des heiligen Stromes Welln.

Dort wollen wir niedersinken
Unter dem Palmenbaum,
Und Liebe und Ruhe trinken,
Und träumen seligen Traum.

X

Die Lotosblume ängstigt
Sich vor der Sonne Pracht,
Und mit gesenktem Haupte
Erwartet sie träumend die Nacht.

Der Mond, der ist ihr Buhle,
Er weckt sie mit seinem Licht,
Und ihm entschleiert sie freundlich
Ihr frommes Blumengesicht.

Sie blüht und glüht und leuchtet,
Und starret stumm in die Höh;

Sie duftet und weinet und zittert
Vor Liebe und Liebesweh.

XI

Im Rhein, im schönen Strome,
Da spiegelt sich in den Welln,
Mit seinem großen Dome,
Das große, heilige Köln.

Im Dom da steht ein Bildnis,
Auf goldenem Leder gemalt;
In meines Lebens Wildnis
Hat's freundlich hineingestrahlt.

Es schweben Blumen und Englein
Um unsre liebe Frau;
Die Augen, die Lippen, die Wänglein,
Die gleichen der Liebsten genau.

XII

Du liebst mich nicht, du liebst mich nicht,
Das kümmert mich gar wenig;
Schau ich dir nur ins Angesicht,
So bin ich froh wie 'n König.

Du hassest, hassest mich sogar,
So spricht dein rotes Mündchen;
Reich mir es nur zum Küssen dar,
So tröst ich mich, mein Kindchen.

XIII

O schwöre nicht und küsse nur,
Ich glaube keinem Weiberschwur!
Dein Wort ist süß, doch süßer ist

Der Kuß, den ich dir abgeküßt!
Den hab ich, und dran glaub ich auch,
Das Wort ist eitel Dunst und Hauch.

★ ★ ★

O schwöre, Liebchen, immerfort,
Ich glaube dir aufs bloße Wort!
An deinen Busen sink ich hin,
Und glaube, daß ich selig bin;
Ich glaube, Liebchen, ewiglich,
Und noch viel länger liebst du mich.

XIV

Auf meiner Herzliebsten Äugelein
Mach ich die schönsten Kanzonen.
Auf meiner Herzliebsten Mündchen klein
Mach ich die besten Terzinen.
Auf meiner Herzliebsten Wängelein
Mach ich die herrlichsten Stanzen.
Und wenn meine Liebste ein Herzchen hätt,
Ich machte darauf ein hübsches Sonett.

XV

Die Welt ist dumm, die Welt ist blind,
Wird täglich abgeschmackter!
Sie spricht von dir, mein schönes Kind,
Du hast keinen guten Charakter.

Die Welt ist dumm, die Welt ist blind.
Und dich wird sie immer verkennen;
Sie weiß nicht wie süß deine Küsse sind,
Und wie sie beseligend brennen.

XVI

Liebste, sollst mir heute sagen:
Bist du nicht ein Traumgebild,
Wie's in schwülen Sommertagen
Aus dem Hirn des Dichters quillt?

Aber nein, ein solches Mündchen,
Solcher Augen Zauberlicht,
Solch ein liebes, süßes Kindchen,
Das erschafft der Dichter nicht.

Basilisken und Vampire,
Lindenwürm und Ungeheur,
Solche schlimme Fabeltiere,
Die erschafft des Dichters Feur.

Aber dich und deine Tücke,
Und dein holdes Angesicht,
Und die falschen frommen Blicke —
Das erschafft der Dichter nicht.

XVII

Wie die Wellenschaumgeborene
Strahlt mein Lieb im Schönheitsglanz,
Denn sie ist das auserkorene
Bräutchen eines fremden Manns.

Herz, mein Herz, du vielgeduldiges,
Grolle nicht ob dem Verrat;
Trag es, trag es, und entschuldig es,
Was die holde Törin tat.

XVIII

Ich grolle nicht, und wenn das Herz auch bricht,
Ewig verlornes Lieb! ich grolle nicht.

Wie du auch strahlst in Diamantenpracht,
Es fällt kein Strahl in deines Herzens Nacht.

Das weiß ich längst. Ich sah dich ja im Traum,
Und sah die Nacht in deines Herzens Raum,
Und sah die Schlang, die dir am Herzen frißt,
Ich sah, mein Lieb, wie sehr du elend bist.

XIX

Ja, du bist elend, und ich grolle nicht; –
Mein Lieb, wir sollen beide elend sein!
Bis uns der Tod das kranke Herze bricht,
Mein Lieb, wir sollen beide elend sein!

Wohl seh ich Spott, der deinen Mund umschwebt,
Und seh dein Auge blitzen trotziglich,
Und seh den Stolz, der deinen Busen hebt –
Und elend bist du doch, elend wie ich.

Unsichtbar zuckt auch Schmerz um deinen Mund,
Verborgne Träne trübt des Auges Schein,
Der stolze Busen hegt geheime Wund –
Mein Lieb, wir sollen beide elend sein.

XX

Das ist ein Flöten und Geigen,
Trompeten schmettern drein;
Da tanzt den Hochzeitreigen
Die Herzallerliebste mein.

Das ist ein Klingen und Dröhnen
Von Pauken und Schalmein;
Dazwischen schluchzen und stöhnen
Die guten Engelein.

XXI

So hast du ganz und gar vergessen,
Daß ich so lang dein Herz besessen,
Dein Herzchen so süß und so falsch und so klein,
Es kann nirgend was Süßres und Falscheres sein.

So hast du die Lieb und das Leid vergessen,
Die das Herz mir täten zusammenpressen.
Ich weiß nicht, war Liebe größer als Leid?
Ich weiß nur sie waren groß alle beid!

XXII

Und wüßten's die Blumen, die kleinen,
Wie tief verwundet mein Herz,
Sie würden mit mir weinen,
Zu heilen meinen Schmerz.

Und wüßten's die Nachtigallen,
Wie ich so traurig und krank,
Sie ließen fröhlich erschallen
Erquickenden Gesang.

Und wüßten sie mein Wehe,
Die goldnen Sternelein,
Sie kämen aus ihrer Höhe,
Und sprächen Trost mir ein.

Die alle können's nicht wissen,
Nur eine kennt meinen Schmerz:
Sie hat ja selbst zerrissen,
Zerrissen mir das Herz.

XXIII

Warum sind denn die Rosen so blaß,
O sprich, mein Lieb, warum?

Warum sind denn im grünen Gras
Die blauen Veilchen so stumm?

Warum singt denn mit so kläglichem Laut
Die Lerche in der Luft?
Warum steigt denn aus dem Balsamkraut
Hervor ein Leichenduft?

Warum scheint denn die Sonn auf die Au
So kalt und verdrießlich herab?
Warum ist denn die Erde so grau
Und öde wie ein Grab?

Warum bin ich selbst so krank und so trüb,
Mein liebes Liebchen, sprich?
O sprich, mein herzallerliebstes Lieb,
Warum verließest du mich?

XXIV

Sie haben dir viel erzählet,
Und haben viel geklagt;
Doch was meine Seele gequälet,
Das haben sie nicht gesagt.

Sie machten ein großes Wesen,
Und schüttelten kläglich das Haupt;
Sie nannten mich den Bösen,
Und du hast alles geglaubt.

Jedoch das Allerschlimmste,
Das haben sie nicht gewußt;
Das Schlimmste und das Dümmste,
Das trug ich geheim in der Brust.

XXV

Die Linde blühte, die Nachtigall sang,
Die Sonne lachte mit freundlicher Lust;
Da küßtest du mich, und dein Arm mich umschlang;
Da preßtest du mich an die schwellende Brust.

Die Blätter fielen, der Rabe schrie hohl,
Die Sonne grüßte verdrossenen Blicks;
Da sagten wir frostig einander: »Lebwohl!«
Da knickstest du höflich den höflichsten Knicks.

XXVI

Wir haben viel füreinander gefühlt,
Und dennoch uns gar vortrefflich vertragen.
Wir haben oft »Mann und Frau« gespielt
Und dennoch uns nicht gerauft und geschlagen.
Wir haben zusammen gejauchzt und gescherzt,
Und zärtlich uns geküßt und geherzt.
Wir haben am Ende, aus kindischer Lust,
»Verstecken« gespielt in Wäldern und Gründen,
Und haben uns so zu verstecken gewußt,
Daß wir uns nimmermehr wiederfinden.

XXVII

Du bliebest mir treu am längsten,
Und hast dich für mich verwendet,
Und hast mir Trost gespendet
In meinen Nöten und Ängsten.

Du gabest mir Trank und Speise,
Und hast mir Geld geborget,
Und hast mich mit Wäsche versorget,
Und mit dem Paß für die Reise.

Mein Liebchen! daß Gott dich behüte,
Noch lange, vor Hitz und vor Kälte,
Und daß er dir nimmer vergelte
Die mir erwiesene Güte.

XXVIII

Die Erde war so lange geizig,
Da kam der Mai, und sie ward spendabel,
Und alles lacht, und jauchzt, und freut sich,
Ich aber bin nicht zu lachen kapabel.

Die Blumen sprießen, die Glöcklein schallen,
Die Vögel sprechen wie in der Fabel;
Mir aber will das Gespräch nicht gefallen,
Ich finde alles miserabel.

Das Menschenvolk mich ennuyieret,
Sogar der Freund, der sonst passabel; –
Das kömmt, weil man Madame titulieret
Mein süßes Liebchen, so süß und aimabel.

XXIX

Und als ich so lange, so lange gesäumt,
In fremden Landen geschwärmt und geträumt;
Da ward meiner Liebsten zu lang die Zeit,
Und sie nähete sich ein Hochzeitkleid,
Und hat mit zärtlichen Armen umschlungen,
Als Bräut'gam, den dümmsten der dummen Jungen.

Mein Liebchen ist so schön und mild,
Noch schwebt mir vor ihr süßes Bild;
Die Veilchenaugen, die Rosenwänglein,
Die glühen und blühen, jahraus jahrein.
Daß ich von solchem Lieb konnt weichen,
War der dümmste von meinen dummen Streichen.

XXX

Die blauen Veilchen der Äugelein,
Die roten Rosen der Wängelein,
Die weißen Lilien der Händchen klein,

Die blühen und blühen noch immerfort,
Und nur das Herzchen ist verdorrt.

XXXI

Die Welt ist so schön und der Himmel so blau.
Und die Lüfte die wehen so lind und so lau,
Und die Blumen winken auf blühender Au,
Und funkeln und glitzern im Morgentau,
Und die Menschen jubeln, wohin ich schau –
Und doch möcht ich im Grabe liegen,
Und mich an ein totes Liebchen schmiegen.

XXXII

Mein süßes Lieb, wenn du im Grab,
Im dunkeln Grab wirst liegen,
Dann will ich steigen zu dir hinab,
Und will mich an dich schmiegen.

Ich küsse, umschlinge und presse dich wild,
Du Stille, du Kalte, du Bleiche!
Ich jauchze, ich zittre, ich weine mild,
Ich werde selber zur Leiche.

Die Toten stehn auf, die Mitternacht ruft,
Sie tanzen im luftigen Schwarme;
Wir beide bleiben in der Gruft,
Ich liege in deinem Arme.

Die Toten stehn auf, der Tag des Gerichts
Ruft sie zu Qual und Vergnügen;
Wir beide bekümmern uns um nichts,
Und bleiben umschlungen liegen.

XXXIII

Ein Fichtenbaum steht einsam
Im Norden auf kahler Höh.

Ihn schläfert; mit weißer Decke
Umhüllen ihn Eis und Schnee.

Er träumt von einer Palme,
Die, fern im Morgenland,
Einsam und schweigend trauert
Auf brennender Felsenwand.

XXXIV

(Der Kopf spricht:)
Ach, wenn ich nur der Schemel wär,
Worauf der Liebsten Füße ruhn!
Und stampfte sie mich noch so sehr,
Ich wollte doch nicht klagen tun.

(Das Herz spricht:)
Ach, wenn ich nur das Kißchen wär,
Wo sie die Nadeln steckt hinein!
Und stäche sie mich noch so sehr,
Ich wollte mich der Stiche freun.

(Das Lied spricht:)
Ach, wär ich nur das Stück Papier,
Das sie als Papillote braucht!
Ich wollte heimlich flüstern ihr
Ins Ohr, was in mir lebt und haucht.

XXXV

Seit die Liebste war entfernt,
Hatt ich 's Lachen ganz verlernt.
Schlechten Witz riß mancher Wicht,
Aber lachen konnt ich nicht.

Seit ich sie verloren hab,
Schafft ich auch das Weinen ab;

Fast vor Weh das Herz mir bricht,
Aber weinen kann ich nicht.

XXXVI

Aus meinen großen Schmerzen
Mach ich die kleinen Lieder:
Die heben ihr klingend Gefieder
Und flattern nach ihrem Herzen.

Sie fanden den Weg zur Trauten,
Doch kommen sie wieder und klagen,
Und klagen, und wollen nicht sagen,
Was sie im Herzen schauten.

XXXVII

Philister in Sonntagsröcklein
Spazieren durch Wald und Flur;
Sie jauchzen, sie hüpfen wie Böcklein,
Begrüßen die schöne Natur.

Betrachten mit blinzelnden Augen,
Wie alles romantisch blüht;
Mit langen Ohren saugen
Sie ein der Spatzen Lied.

Ich aber verhänge die Fenster
Des Zimmers mit schwarzem Tuch;
Es machen mir meine Gespenster
Sogar einen Tagesbesuch.

Die alte Liebe erscheinet,
Sie stieg aus dem Totenreich,
Sie setzt sich zu mir und weinet,
Und macht das Herz mir weich.

XXXVIII

Manch Bild vergessener Zeiten
Steigt auf aus seinem Grab,
Und zeigt wie in deiner Nähe
Ich einst gelebet hab.

Am Tage schwankte ich träumend
Durch alle Straßen herum;
Die Leute verwundert mich ansahn,
Ich war so traurig und stumm.

Des Nachts da war es besser,
Da waren die Straßen leer;
Ich und mein Schatten selbander,
Wir wandelten schweigend einher.

Mit widerhallendem Fußtritt
Wandelt ich über die Brück;
Der Mond brach aus den Wolken,
Und grüßte mit ernstem Blick.

Stehn blieb ich vor deinem Haus,
Und starrte in die Höh,
Und starrte nach deinem Fenster –
Das Herz tat mir so weh.

Ich weiß, du hast aus dem Fenster
Gar oft herabgesehn,
Und sahst mich im Mondenlichte
Wie eine Säule stehn.

XXXIX

Ein Jüngling liebt ein Mädchen,
Die hat einen andern erwählt;
Der andre liebt eine andre,
Und hat sich mit dieser vermählt.

Das Mädchen heiratet aus Ärger
Den ersten besten Mann,
Der ihr in den Weg gelaufen;
Der Jüngling ist übel dran.

Es ist eine alte Geschichte,
Doch bleibt sie immer neu;
Und wem sie just passieret,
Dem bricht das Herz entzwei.

XL

Hör ich das Liedchen klingen,
Das einst die Liebste sang,
So will mir die Brust zerspringen,
Vor wildem Schmerzendrang.

Es treibt mich ein dunkles Sehnen
Hinauf zur Waldeshöh,
Dort löst sich auf in Tränen
Mein übergroßes Weh.

XLI

Mir träumte von einem Königskind,
Mit nassen, blassen Wangen;
Wir saßen unter der grünen Lind,
Und hielten uns liebumfangen.

»Ich will nicht deines Vaters Thron,
Und nicht sein Szepter von Golde,
Ich will nicht seine demantene Kron,
Ich will dich selber, du Holde!«

»Das kann nicht sein«, sprach sie zu mir,
»Ich liege ja im Grabe,
Und nur des Nachts komm ich zu dir,
Weil ich so lieb dich habe.«

XLII

Mein Liebchen, wir saßen beisammen,
Traulich im leichten Kahn.
Die Nacht war still und wir schwammen
Auf weiter Wasserbahn.

Die Geisterinsel, die schöne,
Lag dämmrig im Mondenglanz;
Dort klangen liebe Töne,
Und wogte der Nebeltanz.

Dort klang es lieb und lieber,
Und wogt' es hin und her;
Wir aber schwammen vorüber,
Trostlos auf weitem Meer.

XLIII

Aus alten Märchen winkt es
Hervor mit weißer Hand,
Da singt es und da klingt es
Von einem Zauberland:

Wo große Blumen schmachten
Im goldnen Abendlicht,
Und zärtlich sich betrachten
Mit bräutlichem Gesicht; –

Wo alle Bäume sprechen
Und singen, wie ein Chor,
Und laute Quellen brechen
Wie Tanzmusik hervor; –

Und Liebesweisen tönen,
Wie du sie nie gehört,
Bis wundersüßes Sehnen
Dich wundersüß betört!

Ach, könnt ich dorthin kommen,
Und dort mein Herz erfreun,
Und aller Qual entnommen,
Und frei und selig sein!

Ach! jenes Land der Wonne,
Das seh ich oft im Traum,
Doch kommt die Morgensonne,
Zerfließt's wie eitel Schaum.

XLIV

Ich hab dich geliebet und liebe dich noch!
Und fiele die Welt zusammen,
Aus ihren Trümmern stiegen doch
Hervor meiner Liebe Flammen.

XLV

Am leuchtenden Sommermorgen
Geh ich im Garten herum.
Es flüstern und sprechen die Blumen,
Ich aber ich wandle stumm.

Es flüstern und sprechen die Blumen,
Und schaun mitleidig mich an:
Sei unserer Schwester nicht böse,
Du trauriger, blasser Mann.

XLVI

Es leuchtet meine Liebe,
In ihrer dunkeln Pracht,
Wie 'n Märchen traurig und trübe,
Erzählt in der Sommernacht.

»Im Zaubergarten wallen
Zwei Buhlen, stumm und allein;
Es singen die Nachtigallen,
Es flimmert der Mondenschein.

Die Jungfrau steht still wie ein Bildnis,
Der Ritter vor ihr kniet.
Da kommt der Riese der Wildnis,
Die bange Jungfrau flieht.

Der Ritter sinkt blutend zur Erde,
Es stolpert der Riese nach Haus —«
Wenn ich begraben werde,
Dann ist das Märchen aus.

XLVII

Sie haben mich gequälet,
Geärgert blau und blaß,
Die einen mit ihrer Liebe,
Die andern mit ihrem Haß.

Sie haben das Brot mir vergiftet,
Sie gossen mir Gift ins Glas,
Die einen mit ihrer Liebe,
Die andern mit ihrem Haß.

Doch sie, die mich am meisten
Gequält, geärgert, betrübt,
Die hat mich nie gehasset,
Und hat mich nie geliebt.

XLVIII

Es liegt der heiße Sommer
Auf deinen Wängelein;
Es liegt der Winter, der kalte,
In deinem Herzchen klein.

Das wird sich bei dir ändern,
Du Vielgeliebte mein!
Der Winter wird auf den Wangen,
Der Sommer im Herzen sein.

XLIX

Wenn zwei voneinander scheiden,
So geben sie sich die Händ,
Und fangen an zu weinen,
Und seufzen ohne End.

Wir haben nicht geweinet,
Wir seufzten nicht weh und ach!
Die Tränen und die Seufzer,
Die kamen hintennach.

L

Sie saßen und tranken am Teetisch,
Und sprachen von Liebe viel.
Die Herren, die waren ästhetisch,
Die Damen von zartem Gefühl.

»Die Liebe muß sein platonisch«,
Der dürre Hofrat sprach.
Die Hofrätin lächelt ironisch,
Und dennoch seufzet sie: »Ach!«

Der Domherr öffnet den Mund weit:
»Die Liebe sei nicht zu roh,
Sie schadet sonst der Gesundheit.«
Das Fräulein lispelt: »Wieso?«

Die Gräfin spricht wehmütig:
»Die Liebe ist eine Passion!«
Und präsentieret gütig
Die Tasse dem Herren Baron.

Am Tische war noch ein Plätzchen;
Mein Liebchen, da hast du gefehlt.
Du hättest so hübsch, mein Schätzchen,
Von deiner Liebe erzählt.

LI

Vergiftet sind meine Lieder; –
Wie könnt es anders sein?
Du hast mir ja Gift gegossen
Ins blühende Leben hinein.

Vergiftet sind meine Lieder; –
Wie könnt es anders sein?
Ich trage im Herzen viel Schlangen,
Und dich, Geliebte mein.

LII

Mir träumte wieder der alte Traum:
Es war eine Nacht im Maie,
Wir saßen unter dem Lindenbaum,
Und schwuren uns ewige Treue.

Das war ein Schwören und Schwören aufs neu,
Ein Kichern, ein Kosen, ein Küssen;
Daß ich gedenk des Schwures sei,
Hast du in die Hand mich gebissen.

O Liebchen mit den Äuglein klar!
O Liebchen schön und bissig!
Das Schwören in der Ordnung war.
Das Beißen war überflüssig.

LIII

Ich steh auf des Berges Spitze,
Und werde sentimental.

»Wenn ich ein Vöglein wäre!«
Seufz ich viel tausendmal.

Wenn ich eine Schwalbe wäre,
So flög ich zu dir, mein Kind,
Und baute mir mein Nestchen
Wo deine Fenster sind.

Wenn ich eine Nachtigall wäre,
So flög ich zu dir, mein Kind,
Und sänge dir nachts meine Lieder
Herab von der grünen Lind.

Wenn ich ein Gimpel wäre,
So flög ich gleich an dein Herz;
Du bist ja hold den Gimpeln,
Und heilest Gimpelschmerz.

LIV

Mein Wagen rollet langsam
Durch lustiges Waldesgrün,
Durch blumige Täler, die zaubrisch
Im Sonnenglanze blühn.

Ich sitze und sinne und träume,
Und denk an die Liebste mein;
Da grüßen drei Schattengestalten
Kopfnickend zum Wagen herein.

Sie hüpfen und schneiden Gesichter,
So spöttisch und doch so scheu,
Und quirlen wie Nebel zusammen,
Und kichern und huschen vorbei.

LV

Ich hab im Traum geweinet,
Mir träumte du lägest im Grab.

Ich wachte auf und die Träne
Floß noch von der Wange herab.

Ich hab im Traum geweinet,
Mir träumt' du verließest mich.
Ich wachte auf, und ich weinte
Noch lange bitterlich.

Ich hab im Traum geweinet,
Mir träumte du bliebest mir gut.
Ich wachte auf, und noch immer
Strömt meine Tränenflut.

LVI

Allnächtlich im Traume seh ich dich,
Und sehe dich freundlich grüßen,
Und laut aufweinend stürz ich mich
Zu deinen süßen Füßen.

Du siehst mich an wehmütiglich,
Und schüttelst das blonde Köpfchen;
Aus deinen Augen schleichen sich
Die Perlentränentröpfchen.

Du sagst mir heimlich ein leises Wort,
Und gibst mir den Strauß von Zypressen.
Ich wache auf, und der Strauß ist fort,
Und das Wort hab ich vergessen.

LVII

Das ist ein Brausen und Heulen,
Herbstnacht und Regen und Wind;
Wo mag wohl jetzo weilen
Mein armes, banges Kind?

Ich seh sie am Fenster lehnen,
Im einsamen Kämmerlein;

Das Auge gefüllt mit Tränen
Starrt sie in die Nacht hinein.

LVIII

Der Herbstwind rüttelt die Bäume,
Die Nacht ist feucht und kalt;
Gehüllt im grauen Mantel,
Reite ich einsam im Wald.

Und wie ich reite, so reiten
Mir die Gedanken voraus;
Sie tragen mich leicht und luftig
Nach meiner Liebsten Haus.

Die Hunde bellen, die Diener
Erscheinen mit Kerzengeflirr;
Die Wendeltreppe stürm ich
Hinauf mit Sporengeklirr.

Im leuchtenden Teppichgemache,
Da ist es so duftig und warm,
Da harret meiner die Holde –
Ich fliege in ihren Arm.

Es säuselt der Wind in den Blättern,
Es spricht der Eichenbaum:
»Was willst du, törichter Reiter,
Mit deinem törichten Traum?«

LIX

Es fällt ein Stern herunter
Aus seiner funkelnden Höh!
Das ist der Stern der Liebe,
Den ich dort fallen seh.

Es fallen vom Apfelbaume
Der Blüten und Blätter viel!
Es kommen die neckenden Lüfte
Und treiben damit ihr Spiel.

Es singt der Schwan im Weiher,
Und rudert auf und ab,
Und immer leiser singend,
Taucht er ins Flutengrab.

Es ist so still und dunkel!
Verweht ist Blatt und Blut,
Der Stern ist knisternd zerstoben,
Verklungen das Schwanenlied.

LX

Der Traumgott bracht mich in ein Riesenschloß,
Wo schwüler Zauberduft und Lichterschimmer,
Und bunte Menschenwoge sich ergoß
Durch labyrinthisch vielverschlungne Zimmer.
Die Ausgangspforte sucht der bleiche Troß,
Mit Händeringen und mit Angstgewimmer.
Jungfraun und Ritter ragen aus der Menge,
Ich selbst bin fortgezogen im Gedränge.

Doch plötzlich steh ich ganz allein, und seh,
Und staun, wie schnell die Menge konnt verschwinden,
Und wandre fort allein, und eil, und geh
Durch die Gemächer, die sich seltsam winden.
Mein Fuß wird Blei, im Herzen Angst und Weh,
Verzweifl ich fast den Ausgang je zu finden. ·
Da komm ich endlich an das letzte Tor;
Ich will hinaus – o Gott, wer steht davor!

Es war die Liebste, die am Tore stand,
Schmerz um die Lippen, Sorge auf der Stirne.
Ich soll zurückgehn, winkt sie mit der Hand;

Ich weiß nicht ob sie warne oder zürne.
Doch aus den Augen bricht ein süßer Brand,
Der mir durchzuckt das Herz und das Gehirne.
Wie sie mich ansah, streng und wunderlich,
Und doch so liebevoll, erwachte ich.

LXI

Die Mitternacht war kalt und stumm;
Ich irrte klagend im Wald herum.
Ich habe die Bäum aus dem Schlaf gerüttelt;
Sie haben mitleidig die Köpfe geschüttelt.

LXII

Am Kreuzweg wird begraben
Wer selber sich brachte um;
Dort wächst eine blaue Blume,
Die Armesünderblum.

Am Kreuzweg stand ich und seufzte;
Die Nacht war kalt und stumm.
Im Mondschein bewegte sich langsam
Die Armesünderblum.

LXIII

Wo ich bin, mich rings umdunkelt
Finsternis, so dumpf und dicht,
Seit mir nicht mehr leuchtend funkelt,
Liebste, deiner Augen Licht.

Mir erloschen ist der süßen
Liebessterne goldne Pracht,
Abgrund gähnt zu meinen Füßen –
Nimm mich auf, uralte Nacht!

LXIV

Nacht lag auf meinen Augen,
Blei lag auf meinem Mund,
Mit starrem Hirn und Herzen
Lag ich im Grabesgrund.

Wie lang, kann ich nicht sagen,
Daß ich geschlafen hab;
Ich wachte auf und hörte
Wie's pochte an mein Grab.

»Willst du nicht aufstehn, Heinrich?
Der ew'ge Tag bricht an,
Die Toten sind erstanden,
Die ew'ge Lust begann.«

Mein Lieb, ich kann nicht aufstehn,
Bin ja noch immer blind;
Durch Weinen meine Augen
Gänzlich erloschen sind.

»Ich will dir küssen, Heinrich,
Vom Auge fort die Nacht;
Die Engel sollst du schauen,
Und auch des Himmels Pracht.«

Mein Lieb ich kann nicht aufstehn,
Noch blutet's immerfort,
Wo du ins Herz mich stachest
Mit einem spitz'gen Wort.

»Ganz leise leg ich, Heinrich,
Dir meine Hand aufs Herz;
Dann wird es nicht mehr bluten,
Geheilt ist all sein Schmerz.«

Mein Lieb, ich kann nicht aufstehn,
Es blutet auch mein Haupt;

Hab ja hineingeschossen,
Als du mir wurdest geraubt.

»Mit meinen Locken, Heinrich,
Stopf ich des Hauptes Wund,
Und dräng zurück den Blutstrom,
Und mache dein Haupt gesund.«

Es bat so sanft, so lieblich,
Ich konnt nicht widerstehn;
Ich wollte mich erheben,
Und zu der Liebsten gehn.

Da brachen auf die Wunden,
Da stürzt' mit wilder Macht
Aus Kopf und Brust der Blutstrom,
Und sieh! – ich bin erwacht.

LXV

Die alten, bösen Lieder,
Die Träume schlimm und arg,
Die laßt uns jetzt begraben,
Holt einen großen Sarg.

Hinein leg ich gar manches,
Doch sag ich noch nicht was;
Der Sarg muß sein noch größer
Wie 's Heidelberger Faß.

Und holt eine Totenbahre,
Von Brettern fest und dick;
Auch muß sie sein noch länger
Als wie zu Mainz die Brück.

Und holt mir auch zwölf Riesen,
Die müssen noch stärker sein
Als wie der heil'ge Christoph
Im Dom zu Köln am Rhein.

Die sollen den Sarg forttragen,
Und senken ins Meer hinab,
Denn solchem großen Sarge
Gebührt ein großes Grab.

Wißt ihr warum der Sarg wohl
So groß und schwer mag sein?
Ich legt auch meine Liebe
Und meinen Schmerz hinein.

Die Heimkehr

1823–1824

I

In mein gar zu dunkles Leben
Strahlte einst ein süßes Bild;
Nun das süße Bild erblichen,
Bin ich gänzlich nachtumhüllt.

Wenn die Kinder sind im Dunkeln,
Wird beklommen ihr Gemüt,
Und um ihre Angst zu bannen,
Singen sie ein lautes Lied.

Ich, ein tolles Kind, ich singe
Jetzo in der Dunkelheit;
Klingt das Lied auch nicht ergötzlich,
Hat's mich doch von Angst befreit.

II

Ich weiß nicht, was soll es bedeuten,
Daß ich so traurig bin;
Ein Märchen aus alten Zeiten,
Das kommt mir nicht aus dem Sinn.

Die Luft ist kühl und es dunkelt,
Und ruhig fließt der Rhein;
Der Gipfel des Berges funkelt
Im Abendsonnenschein.

Die schönste Jungfrau sitzet
Dort oben wunderbar,
Ihr goldnes Geschmeide blitzet,
Sie kämmt ihr goldenes Haar.

Sie kämmt es mit goldenem Kamme,
Und singt ein Lied dabei;
Das hat eine wundersame,
Gewaltige Melodei.

Den Schiffer im kleinen Schiffe
Ergreift es mit wildem Weh;
Er schaut nicht die Felsenriffe,
Er schaut nur hinauf in die Höh.

Ich glaube, die Wellen verschlingen
Am Ende Schiffer und Kahn;
Und das hat mit ihrem Singen
Die Lorelei getan.

III

Mein Herz, mein Herz ist traurig,
Doch lustig leuchtet der Mai;
Ich stehe, gelehnt an der Linde,
Hoch auf der alten Bastei.

Da drunten fließt der blaue
Stadtgraben in stiller Ruh;
Ein Knabe fährt im Kahne,
Und angelt und pfeift dazu.

Jenseits erheben sich freundlich,
In winziger, bunter Gestalt,
Lusthäuser, und Gärten, und Menschen,
Und Ochsen, und Wiesen, und Wald.

Die Mägde bleichen Wäsche,
Und springen im Gras herum;
Das Mühlrad stäubt Diamanten,
Ich höre sein fernes Gesumm.

Am alten grauen Turme
Ein Schilderhäuschen steht;

Ein rotgeröckter Bursche
Dort auf und nieder geht.

Er spielt mit seiner Flinte,
Die funkelt im Sonnenrot,
Er präsentiert und schultert –
Ich wollt, er schösse mich tot.

IV

Im Walde wandl ich und weine,
Die Drossel sitzt in der Höh;
Sie springt und singt gar feine:
Warum ist dir so weh?

»Die Schwalben, deine Schwestern,
Die können's dir sagen, mein Kind;
Sie wohnten in klugen Nestern,
Wo Liebchens Fenster sind.«

V

Die Nacht ist feucht und stürmisch,
Der Himmel sternenleer;
Im Wald, unter rauschenden Bäumen,
Wandle ich schweigend einher.

Es flimmert fern ein Lichtchen
Aus dem einsamen Jägerhaus;
Es soll mich nicht hin verlocken,
Dort sieht es verdrießlich aus.

Die blinde Großmutter sitzt ja
Im ledernen Lehnstuhl dort,
Unheimlich und starr, wie ein Steinbild,
Und spricht kein einziges Wort.

Fluchend geht auf und nieder
Des Försters rotköpfiger Sohn,

Und wirft an die Wand die Büchse,
Und lacht vor Wut und Hohn.

Die schöne Spinnerin weinet,
Und feuchtet mit Tränen den Flachs;
Wimmernd zu ihren Füßen
Schmiegt sich des Vaters Dachs.

VI

Als ich, auf der Reise, zufällig
Der Liebsten Familie fand,
Schwesterchen, Vater und Mutter,
Sie haben mich freudig erkannt.

Sie fragten nach meinem Befinden,
Und sagten selber sogleich:
Ich hätte mich gar nicht verändert,
Nur mein Gesicht sei bleich.

Ich fragte nach Muhmen und Basen,
Nach manchem langweil'gen Geselln,
Und nach dem kleinen Hündchen,
Mit seinem sanften Belln.

Auch nach der vermählten Geliebten
Fragte ich nebenbei;
Und freundlich gab man zur Antwort,
Daß sie in den Wochen sei.

Und freundlich gratuliert ich,
Und lispelte liebevoll:
Daß man sie von mir recht herzlich
Vieltausendmal grüßen soll.

Schwesterchen rief dazwischen:
Das Hündchen, sanft und klein,
Ist groß und toll geworden,
Und ward ertränkt, im Rhein.

Die Kleine gleicht der Geliebten,
Besonders wenn sie lacht;
Sie hat dieselben Augen,
Die mich so elend gemacht.

VII

Wir saßen am Fischerhause,
Und schauten nach der See;
Die Abendnebel kamen,
Und stiegen in die Höh.

Im Leuchtturm wurden die Lichter
Allmählich angesteckt,
Und in der weiten Ferne
Ward noch ein Schiff entdeckt.

Wir sprachen von Sturm und Schiffbruch,
Vom Seemann, und wie er lebt,
Und zwischen Himmel und Wasser,
Und Angst und Freude schwebt.

Wir sprachen von fernen Küsten,
Vom Süden und vom Nord,
Und von den seltsamen Völkern
Und seltsamen Sitten dort.

Am Ganges duftet's und leuchtet's,
Und Riesenbäume blühn,
Und schöne, stille Menschen
Vor Lotosblumen knien.

In Lappland sind schmutzige Leute,
Plattköpfig, breitmäulig und klein;
Sie kauern ums Feuer, und backen
Sich Fische, und quäken und schrein.

Die Mädchen horchten ernsthaft,
Und endlich sprach niemand mehr;

Das Schiff war nicht mehr sichtbar,
Es dunkelte gar zu sehr.

VIII

Du schönes Fischermädchen,
Treibe den Kahn ans Land;
Komm zu mir und setze dich nieder,
Wir kosen Hand in Hand.

Leg an mein Herz dein Köpfchen,
Und fürchte dich nicht zu sehr,
Vertraust du dich doch sorglos
Täglich dem wilden Meer.

Mein Herz gleicht ganz dem Meere,
Hat Sturm und Ebb und Flut,
Und manche schöne Perle
In seiner Tiefe ruht.

IX

Der Mond ist aufgegangen
Und überstrahlt die Welln;
Ich halte mein Liebchen umfangen,
Und unsre Herzen schwelln.

Im Arm des holden Kindes
Ruh ich allein am Strand; –
Was horchst du beim Rauschen des Windes?
Was zuckt deine weiße Hand?

»Das ist kein Rauschen des Windes,
Das ist der Seejungfern Gesang,
Und meine Schwestern sind es,
Die einst das Meer verschlang.«

X

Der Wind zieht seine Hosen an,
Die weißen Wasserhosen!
Er peitscht die Wellen so stark er kann,
Die heulen und brausen und tosen.

Aus dunkler Höh, mit wilder Macht,
Die Regengüsse träufen;
Es ist als wollt die alte Nacht
Das alte Meer ersäufen.

An den Mastbaum klammert die Möwe sich
Mit heiserem Schrillen und Schreien;
Sie flattert und will gar ängstiglich
Ein Unglück prophezeien.

XI

Der Sturm spielt auf zum Tanze,
Er pfeift und saust und brüllt;
Heisa! wie springt das Schifflein!
Die Nacht ist lustig und wild.

Ein lebendes Wassergebirge
Bildet die tosende See;
Hier gähnt ein schwarzer Abgrund,
Dort türmt es sich weiß in die Höh.

Ein Fluchen, Erbrechen und Beten
Schallt aus der Kajüte heraus;
Ich halte mich fest am Mastbaum,
Und wünsche: wär ich zu Haus.

XII

Der Abend kommt gezogen,
Der Nebel bedeckt die See;

Geheimnisvoll rauschen die Wogen,
Da steigt es weiß in die Höh.

Die Meerfrau steigt aus den Wellen,
Und setzt sich zu mir an den Strand;
Die weißen Brüste quellen
Hervor aus dem Schleiergewand.

Sie drückt mich und sie preßt mich,
Und tut mir fast ein Weh; –
Du drückst ja viel zu fest mich,
Du schöne Wasserfee!

»Ich preß dich, in meinen Armen,
Und drücke dich mit Gewalt;
Ich will bei dir erwarmen,
Der Abend ist gar zu kalt.«

Der Mond schaut immer blasser
Aus dämmriger Wolkenhöh; –
Dein Auge wird trüber und nasser,
Du schöne Wasserfee!

»Es wird nicht trüber und nasser,
Mein Aug ist naß und trüb,
Weil, als ich stieg aus dem Wasser,
Ein Tropfen im Auge blieb.«

Die Möwen schrillen kläglich,
Es grollt und brandet die See; –
Dein Herz pocht wild beweglich,
Du schöne Wasserfee!

»Mein Herz pocht wild beweglich,
Es pocht beweglich wild,
Weil ich dich liebe unsäglich,
Du liebes Menschenbild!«

XIII

Wenn ich an deinem Hause
Des Morgens vorübergeh,
So freut's mich, du liebe Kleine,
Wenn ich dich am Fenster seh.

Mit deinen schwarzbraunen Augen
Siehst du mich forschend an:
Wer bist du, und was fehlt dir,
Du fremder, kranker Mann?

»Ich bin ein deutscher Dichter,
Bekannt im deutschen Land;
Nennt man die besten Namen,
So wird auch der meine genannt.

Und was mir fehlt, du Kleine,
Fehlt manchem im deutschen Land;
Nennt man die schlimmsten Schmerzen,
So wird auch der meine genannt.«

XIV

Das Meer erglänzte weit hinaus,
Im letzten Abendscheine;
Wir saßen am einsamen Fischerhaus,
Wir saßen stumm und alleine.

Der Nebel stieg, das Wasser schwoll,
Die Möwe flog hin und wider;
Aus deinen Augen, liebevoll,
Fielen die Tränen nieder.

Ich sah sie fallen auf deine Hand,
Und bin aufs Knie gesunken;
Ich hab von deiner weißen Hand
Die Tränen fortgetrunken.

Seit jener Stunde verzehrt sich mein Leib,
Die Seele stirbt vor Sehnen; –
Mich hat das unglücksel'ge Weib
Vergiftet mit ihren Tränen.

XV

Da droben auf jenem Berge,
Da steht ein feines Schloß,
Da wohnen drei schöne Fräulein,
Von denen ich Liebe genoß.

Sonnabend küßte mich Jette,
Und Sonntag die Julia,
Und Montag die Kunigunde,
Die hat mich erdrückt beinah.

Doch Dienstag war eine Fete
Bei meinen drei Fräulein im Schloß;
Die Nachbarschaftsherren und -damen,
Die kamen zu Wagen und Roß.

Ich aber war nicht geladen,
Und das habt ihr dumm gemacht!
Die zischelnden Muhmen und Basen,
Die merkten's und haben gelacht.

XVI

Am fernen Horizonte
Erscheint, wie ein Nebelbild,
Die Stadt mit ihren Türmen
In Abenddämmrung gehüllt.

Ein feuchter Windzug kräuselt
Die graue Wasserbahn;
Mit traurigem Takte rudert
Der Schiffer in meinem Kahn.

Die Sonne hebt sich noch einmal
Leuchtend vom Boden empor,
Und zeigt mir jene Stelle,
Wo ich das Liebste verlor.

XVII

Sei mir gegrüßt, du große,
Geheimnisvolle Stadt,
Die einst in ihrem Schoße
Mein Liebchen umschlossen hat.

Sagt an, ihr Türme und Tore,
Wo ist die Liebste mein?
Euch hab ich sie anvertrauet,
Ihr solltet mir Bürge sein.

Unschuldig sind die Türme,
Sie konnten nicht von der Stell,
Als Liebchen mit Koffern und Schachteln
Die Stadt verlassen so schnell.

Die Tore jedoch, die ließen
Mein Liebchen entwischen gar still;
Ein Tor ist immer willig,
Wenn eine Törin will.

XVIII

So wandl ich wieder den alten Weg,
Die wohlbekannten Gassen;
Ich komme von meiner Liebsten Haus,
Das steht so leer und verlassen.

Die Straßen sind doch gar zu eng!
Das Pflaster ist unerträglich!
Die Häuser fallen mir auf den Kopf!
Ich eile soviel als möglich!

XIX

Ich trat in jene Hallen,
Wo sie mir Treue versprochen;
Wo einst ihre Tränen gefallen,
Sind Schlangen hervorgekrochen.

XX

Still ist die Nacht, es ruhen die Gassen,
In diesem Hause wohnte mein Schatz;
Sie hat schon längst die Stadt verlassen,
Doch steht noch das Haus auf demselben Platz.

Da steht auch ein Mensch und starrt in die Höhe,
Und ringt die Hände, vor Schmerzensgewalt;
Mir graust es, wenn ich sein Antlitz sehe –
Der Mond zeigt mir meine eigne Gestalt.

Du Doppeltgänger! du bleicher Geselle!
Was äffst du nach mein Liebesleid,
Das mich gequält auf dieser Stelle,
So manche Nacht, in alter Zeit?

XXI

Wie kannst du ruhig schlafen,
Und weißt, ich lebe noch?
Der alte Zorn kommt wieder,
Und dann zerbrech ich mein Joch.

Kennst du das alte Liedchen:
Wie einst ein toter Knab
Um Mitternacht die Geliebte
Zu sich geholt ins Grab?

Glaub mir, du wunderschönes,
Du wunderholdes Kind,

Ich lebe und bin noch stärker
Als alle Toten sind!

XXII

Die Jungfrau schläft in der Kammer,
Der Mond schaut zitternd hinein;
Da draußen singt es und klingt es,
Wie Walzermelodein.

»Ich will mal schaun aus dem Fenster,
Wer drunten stört meine Ruh.«
Da steht ein Totengerippe,
Und fiedelt und singt dazu:

»Hast einst mir den Tanz versprochen,
Und hast gebrochen dein Wort,
Und heut ist Ball auf dem Kirchhof,
Komm mit, wir tanzen dort.«

Die Jungfrau ergreift es gewaltig,
Es lockt sie hervor aus dem Haus;
Sie folgt dem Gerippe, das singend
Und fiedelnd schreitet voraus.

Es fiedelt und tänzelt und hüpfet,
Und klappert mit seinem Gebein,
Und nickt und nickt mit dem Schädel
Unheimlich im Mondenschein.

XXIII

Ich stand in dunkeln Träumen
Und starrte ihr Bildnis an,
Und das geliebte Antlitz
Heimlich zu leben begann.

Um ihre Lippen zog sich
Ein Lächeln wunderbar,
Und wie von Wehmutstränen
Erglänzte ihr Augenpaar.

Auch meine Tränen flossen
Mir von den Wangen herab –
Und ach, ich kann es nicht glauben,
Daß ich dich verloren hab!

XXIV

Ich unglücksel'ger Atlas! eine Welt,
Die ganze Welt der Schmerzen, muß ich tragen,
Ich trage Unerträgliches, und brechen
Will mir das Herz im Leibe.

Du stolzes Herz! du hast es ja gewollt!
Du wolltest glücklich sein, unendlich glücklich
Oder unendlich elend, stolzes Herz,
Und jetzo bist du elend.

XXV

Die Jahre kommen und gehen,
Geschlechter steigen ins Grab,
Doch nimmer vergeht die Liebe,
Die ich im Herzen hab.

Nur einmal noch möcht ich dich sehen,
Und sinken vor dir aufs Knie,
Und sterbend zu dir sprechen:
»Madame, ich liebe Sie!«

XXVI

Mir träumte: traurig schaute der Mond,
Und traurig schienen die Sterne;

Es trug mich zur Stadt, wo Liebchen wohnt,
Viel hundert Meilen ferne.

Es hat mich zu ihrem Hause geführt,
Ich küßte die Steine der Treppe,
Die oft ihr kleiner Fuß berührt,
Und ihres Kleides Schleppe.

Die Nacht war lang, die Nacht war kalt,
Es waren so kalt die Steine;
Es lugt' aus dem Fenster die blasse Gestalt,
Beleuchtet vom Mondenscheine.

XXVII

Was will die einsame Träne?
Sie trübt mir ja den Blick.
Sie blieb aus alten Zeiten
In meinem Auge zurück.

Sie hatte viel leuchtende Schwestern,
Die alle zerflossen sind,
Mit meinen Qualen und Freuden,
Zerflossen in Nacht und Wind.

Wie Nebel sind auch zerflossen
Die blauen Sternelein,
Die mir jene Freuden und Qualen
Gelächelt ins Herz hinein.

Ach, meine Liebe selber
Zerfloß wie eitel Hauch!
Du alte, einsame Träne,
Zerfließe jetzunder auch.

XXVIII

Der bleiche, herbstliche Halbmond
Lugt aus den Wolken heraus;

Ganz einsam liegt auf dem Kirchhof
Das stille Pfarrerhaus.

Die Mutter liest in der Bibel,
Der Sohn, der starret ins Licht,
Schlaftrunken dehnt sich die ältre,
Die jüngere Tochter spricht:

»Ach Gott, wie einem die Tage
Langweilig hier vergehn!
Nur wenn sie einen begraben,
Bekommen wir etwas zu sehn.«

Die Mutter spricht zwischen dem Lesen:
»Du irrst, es starben nur vier,
Seit man deinen Vater begraben,
Dort an der Kirchhofstür.«

Die ältre Tochter gähnet:
»Ich will nicht verhungern bei euch,
Ich gehe morgen zum Grafen,
Und der ist verliebt und reich.«

Der Sohn bricht aus in Lachen:
»Drei Jäger zechen im Stern,
Die machen Gold und lehren
Mir das Geheimnis gern.«

Die Mutter wirft ihm die Bibel
Ins magre Gesicht hinein:
»So willst du, Gottverfluchter,
Ein Straßenräuber sein!«

Sie hören pochen ans Fenster,
Und sehn eine winkende Hand;
Der tote Vater steht draußen
Im schwarzen Pred'gergewand.

XXIX

Das ist ein schlechtes Wetter,
Es regnet und stürmt und schneit;
Ich sitze am Fenster und schaue
Hinaus in die Dunkelheit.

Da schimmert ein einsames Lichtchen,
Das wandelt langsam fort;
Ein Mütterchen mit dem Laternchen
Wankt über die Straße dort.

Ich glaube, Mehl und Eier
Und Butter kaufte sie ein;
Sie will einen Kuchen backen
Fürs große Töchterlein.

Die liegt zu Haus im Lehnstuhl,
Und blinzelt schläfrig ins Licht;
Die goldnen Locken wallen
Über das süße Gesicht.

XXX

Man glaubt, daß ich mich gräme
In bitterm Liebesleid,
Und endlich glaub ich es selber,
So gut wie andre Leut.

Du Kleine mit großen Augen,
Ich hab es dir immer gesagt,
Daß ich dich unsäglich liebe,
Daß Liebe mein Herz zernagt.

Doch nur in einsamer Kammer
Sprach ich auf solche Art,
Und ach! ich hab immer geschwiegen
In deiner Gegenwart.

Da gab es böse Engel,
Die hielten mir zu den Mund;
Und ach! durch böse Engel
Bin ich so elend jetzund.

XXXI

Deine weißen Lilienfinger,
Könnt ich sie noch einmal küssen,
Und sie drücken an mein Herz,
Und vergehn in stillem Weinen!

Deine klaren Veilchenaugen
Schweben vor mir Tag und Nacht,
Und mich quält es: was bedeuten
Diese süßen, blauen Rätsel?

XXXII

»Hat sie sich denn nie geäußert
Über dein verliebtes Wesen ?
Konntest du in ihren Augen
Niemals Gegenliebe lesen?

Konntest du in ihren Augen
Niemals bis zur Seele dringen?
Und du bist ja sonst kein Esel,
Teurer Freund, in solchen Dingen.«

XXXIII

Sie liebten sich beide, doch keiner
Wollt es dem andern gestehn;
Sie sahen sich an so feindlich,
Und wollten vor Liebe vergehn.

Sie trennten sich endlich und sahn sich
Nur noch zuweilen im Traum;
Sie waren längst gestorben,
Und wußten es selber kaum.

XXXIV

Und als ich euch meine Schmerzen geklagt,
Da habt ihr gegähnt und nichts gesagt;
Doch als ich sie zierlich in Verse gebracht,
Da habt ihr mir große Elogen gemacht.

XXXV

Ich rief den Teufel und er kam,
Und ich sah ihn mit Verwundrung an.
Er ist nicht häßlich und ist nicht lahm,
Er ist ein lieber, scharmanter Mann,
Ein Mann in seinen besten Jahren,
Verbindlich und höflich und welterfahren.
Er ist ein gescheuter Diplomat,
Und spricht recht schön über Kirch und Staat.
Blaß ist er etwas, doch ist es kein Wunder,
Sanskrit und Hegel studiert er jetzunder.
Sein Lieblingspoet ist noch immer Fouqué.
Doch will er nicht mehr mit Kritik sich befassen,
Die hat er jetzt gänzlich überlassen
Der teuren Großmutter Hekate.
Er lobte mein juristisches Streben,
Hat früher sich auch damit abgegeben.
Er sagte meine Freundschaft sei
Ihm nicht zu teuer, und nickte dabei,
Und frug: ob wir uns früher nicht
Schon einmal gesehn beim span'schen Gesandten?
Und als ich recht besah sein Gesicht,
Fand ich in ihm einen alten Bekannten.

XXXVI

Mensch, verspotte nicht den Teufel,
Kurz ist ja die Lebensbahn,
Und die ewige Verdammnis
Ist kein bloßer Pöbelwahn.

Mensch, bezahle deine Schulden,
Lang ist ja die Lebensbahn,
Und du mußt noch manchmal borgen,
Wie du es so oft getan.

XXXVII

Die heil'gen drei Könige aus Morgenland,
Sie frugen in jedem Städtchen:
»Wo geht der Weg nach Bethlehem,
Ihr lieben Buben und Mädchen?«

Die Jungen und Alten, sie wußten es nicht,
Die Könige zogen weiter;
Sie folgten einem goldenen Stern,
Der leuchtete lieblich und heiter.

Der Stern blieb stehn über Josephs Haus,
Da sind sie hineingegangen;
Das Öchslein brüllte, das Kindlein schrie,
Die heil'gen drei Könige sangen.

XXXVIII

Mein Kind, wir waren Kinder,
Zwei Kinder, klein und froh;
Wir krochen ins Hühnerhäuschen
Versteckten uns unter das Stroh.

Wir krähten wie die Hähne,
Und kamen Leute vorbei –

Kikereküh! sie glaubten,
Es wäre Hahnengeschrei.

Die Kisten auf unserem Hofe,
Die tapezierten wir aus,
Und wohnten drin beisammen,
Und machten ein vornehmes Haus.

Des Nachbars alte Katze
Kam öfters zum Besuch;
Wir machten ihr Bückling' und Knickse
Und Komplimente genug.

Wir haben nach ihrem Befinden
Besorglich und freundlich gefragt;
Wir haben seitdem dasselbe
Mancher alten Katze gesagt.

Wir saßen auch oft und sprachen
Vernünftig, wie alte Leut,
Und klagten, wie alles besser
Gewesen zu unserer Zeit;

Wie Lieb und Treu und Glauben
Verschwunden aus der Welt,
Und wie so teuer der Kaffee,
Und wie so rar das Geld! – –

Vorbei sind die Kinderspiele
Und alles rollt vorbei –
Das Geld und die Welt und die Zeiten,
Und Glauben und Lieb und Treu.

XXXIX

Das Herz ist mir bedrückt, und sehnlich
Gedenke ich der alten Zeit;
Die Welt war damals noch so wöhnlich,
Und ruhig lebten hin die Leut.

114

Doch jetzt ist alles wie verschoben,
Das ist ein Drängen! eine Not!
Gestorben ist der Herrgott oben,
Und unten ist der Teufel tot.

Und alles schaut so grämlich trübe,
So krausverwirrt und morsch und kalt,
Und wäre nicht das bißchen Liebe,
So gäb es nirgends einen Halt.

· XL

Wie der Mond sich leuchtend dränget
Durch den dunkeln Wolkenflor,
Also taucht aus dunkeln Zeiten
Mir ein lichtes Bild hervor.

Saßen all auf dem Verdecke,
Fuhren stolz hinab den Rhein,
Und die sommergrünen Ufer
Glühn im Abendsonnenschein.

Sinnend saß ich zu den Füßen
Einer Dame, schön und hold;
In ihr liebes, bleiches Antlitz
Spielt' das rote Sonnengold.

Lauten klangen, Buben sangen,
Wunderbare Fröhlichkeit!
Und der Himmel wurde blauer,
Und die Seele wurde weit.

Märchenhaft vorüberzogen
Berg und Burgen, Wald und Au; –
Und das alles sah ich glänzen
In dem Aug der schönen Frau.

XLI

Im Traum sah ich die Geliebte,
Ein banges, bekümmertes Weib,
Verwelkt und abgefallen
Der sonst so blühende Leib.

Ein Kind trug sie auf dem Arme,
Ein andres führt sie an der Hand,
Und sichtbar ist Armut und Trübsal
Am Gang und Blick und Gewand.

Sie schwankte über den Marktplatz,
Und da begegnet sie mir,
Und sieht mich an, und ruhig
Und schmerzlich sag ich zu ihr:

»Komm mit nach meinem Hause,
Denn du bist blaß und krank;
Ich will durch Fleiß und Arbeit
Dir schaffen Speis und Trank.

Ich will auch pflegen und warten
Die Kinder, die bei dir sind,
Vor allem aber dich selber,
Du armes, unglückliches Kind.

Ich will dir nie erzählen,
Daß ich dich geliebet hab,
Und wenn du stirbst, so will ich
Weinen auf deinem Grab.«

XLII

»Teurer Freund! Was soll es nützen,
Stets das alte Lied zu leiern?
Willst du ewig brütend sitzen
Auf den alten Liebeseiern!

Ach! das ist ein ewig Gattern,
Aus den Schalen kriechen Küchlein,
Und sie piepsen und sie flattern,
Und du sperrst sie in ein Büchlein.«

XLIII

Werdet nur nicht ungeduldig,
Wenn von alten Leidensklängen
Manche noch vernehmlich tönen
In den neuesten Gesängen.

Wartet nur, es wird verhallen
Dieses Echo meiner Schmerzen,
Und ein neuer Liederfrühling
Sprießt aus dem geheilten Herzen.

XLIV

Nun ist es Zeit, daß ich mit Verstand
Mich aller Torheit entled'ge;
Ich hab so lang als ein Komödiant
Mit dir gespielt die Komödie.

Die prächt'gen Kulissen, sie waren bemalt
Im hochromantischen Stile,
Mein Rittermantel hat goldig gestrahlt,
Ich fühlte die feinsten Gefühle.

Und nun ich mich gar säuberlich
Des tollen Tands entled'ge,
Noch immer elend fühl ich mich,
Als spielt ich noch immer Komödie.

Ach Gott! im Scherz und unbewußt
Sprach ich was ich gefühlet;
Ich hab mit dem Tod in der eignen Brust
Den sterbenden Fechter gespielet.

XLV

Den König Wiswamitra,
Den treibt's ohne Rast und Ruh,
Er will durch Kampf und Büßung
Erwerben Wasischtas Kuh.

Oh, König Wiswamitra,
Oh, weich ein Ochs bist du,
Daß du so viel kämpfest und büßest,
Und alles für eine Kuh!

XLVI

Herz, mein Herz, sei nicht beklommen,
Und ertrage dein Geschick,
Neuer Frühling gibt zurück,
Was der Winter dir genommen.

Und wie viel ist dir geblieben!
Und wie schön ist noch die Welt!
Und, mein Herz, was dir gefällt,
Alles, alles darfst du lieben!

XLVII

Du bist wie eine Blume,
So hold und schön und rein;
Ich schau dich an, und Wehmut
Schleicht mir ins Herz hinein.

Mir ist, als ob ich die Hände
Aufs Haupt dir legen sollt,
Betend, daß Gott dich erhalte
So rein und schön und hold.

XLVIII

Kind! Es wäre dein Verderben,
Und ich geb mir selber Mühe,
Daß dein liebes Herz in Liebe
Nimmermehr für mich erglühe.

Nur daß mir's so leicht gelinget,
Will mich dennoch fast betrüben,
Und ich denke manchmal dennoch:
Möchtest du mich dennoch lieben!

XLIX

Wenn ich auf dem Lager liege,
In Nacht und Kissen gehüllt,
So schwebt mir vor ein süßes,
Anmutig liebes Bild.

Wenn mir der stille Schlummer
Geschlossen die Augen kaum,
So schleicht das Bild sich leise
Hinein in meinen Traum.

Doch mit dem Traum des Morgens
Zerrinnt es nimmermehr;
Dann trag ich es im Herzen
Den ganzen Tag umher.

L

Mädchen mit dem roten Mündchen,
Mit den Äuglein süß und klar,
Du mein liebes, kleines Mädchen,
Deiner denk ich immerdar.

Lang ist heut der Winterabend,
Und ich möchte bei dir sein,

Bei dir sitzen, mit dir schwatzen,
Im vertrauten Kämmerlein.

An die Lippen wollt ich pressen
Deine kleine, weiße Hand,
Und mit Tränen sie benetzen,
Deine kleine, weiße Hand.

LI

Mag da draußen Schnee sich türmen,
Mag es hageln, mag es stürmen,
Klirrend mir ans Fenster schlagen;
Nimmer will ich mich beklagen,
Denn ich trage in der Brust
Liebchens Bild und Frühlingslust.

LII

Andre beten zur Madonne,
Andre auch zu Paul und Peter;
Ich jedoch, ich will nur beten,
Nur zu dir, du schöne Sonne.

Gib mir Küsse, gib mir Wonne,
Sei mir gütig, sei mir gnädig,
Schönste Sonne unter den Mädchen,
Schönstes Mädchen unter der Sonne!

LIII

Verriet mein blasses Angesicht
Dir nicht mein Liebeswehe?
Und willst du, daß der stolze Mund
Das Bettelwort gestehe?

Oh, dieser Mund ist viel zu stolz,
Und kann nur küssen und scherzen;
Er spräche vielleicht ein höhnisches Wort,
Während ich sterbe vor Schmerzen.

LIV

Teurer Freund, du bist verliebt,
Und dich quälen neue Schmerzen;
Dunkler wird es dir im Kopf,
Heller wird es dir im Herzen.

Teurer Freund, du bist verliebt,
Und du willst es nicht bekennen,
Und ich seh des Herzens Glut
Schon durch deine Weste brennen.

LV

Ich wollte bei dir weilen,
Und an deiner Seite ruhn;
Du mußtest von mir eilen,
Du hattest viel zu tun.

Ich sagte, daß meine Seele
Dir gänzlich ergeben sei;
Du lachtest aus voller Kehle,
Und machtest 'nen Knicks dabei.

Du hast noch mehr gesteigert
Mir meinen Liebesverdruß,
Und hast mir sogar verweigert
Am Ende den Abschiedskuß.

Glaub nicht, daß ich mich erschieße,
Wie schlimm auch die Sachen stehn!
Das alles, meine Süße,
Ist mir schon einmal geschehn.

LVI

Saphire sind die Augen dein,
Die lieblichen, die süßen.
Oh, dreimal glücklich ist der Mann,
Den sie mit Liebe grüßen.

Dein Herz, es ist ein Diamant,
Der edle Lichter sprühet.
Oh, dreimal glücklich ist der Mann,
Für den es liebend glühet.

Rubinen sind die Lippen dein,
Man kann nicht schönre sehen.
Oh, dreimal glücklich ist der Mann,
Dem sie die Liebe gestehen.

Oh, kennt ich nur den glücklichen Mann,
Oh, daß ich ihn nur fände,
So recht allein im grünen Wald,
Sein Glück hätt bald ein Ende.

LVII

Habe mich mit Liebesreden
Festgelogen an dein Herz,
Und, verstrickt in eignen Fäden,
Wird zum Ernste mir mein Scherz.

Wenn du dich, mit vollem Rechte,
Scherzend nun von mir entfernst,
Nahn sich mir die Höllenmächte,
Und ich schieß mich tot im Ernst.

LVIII

Zu fragmentarisch ist Welt und Leben!
Ich will mich zum deutschen Professor begeben,

Der weiß das Leben zusammenzusetzen,
Und er macht ein verständlich System daraus;
Mit seinen Nachtmützen und Schlafrockfetzen
Stopft er die Lücken des Weltenbaus.

LIX

Ich hab mir lang den Kopf zerbrochen,
Mit Denken und Sinnen, Tag und Nacht,
Doch deine liebenswürdigen Augen
Sie haben mich zum Entschluß gebracht.

Jetzt bleib ich, wo deine Augen leuchten,
In ihrer süßen klugen Pracht –
Daß ich noch einmal würde lieben,
Ich hätt es nimmermehr gedacht.

LX

Sie haben heut abend Gesellschaft,
Und das Haus ist lichterfüllt.
Dort oben am hellen Fenster
Bewegt sich ein Schattenbild.

Du schaust mich nicht, im Dunkeln
Steh ich hier unten allein;
Noch wen'ger kannst du schauen
In mein dunkles Herz hinein.

Mein dunkles Herze liebt dich,
Es liebt dich und es bricht,
Und bricht und zuckt und verblutet,
Aber du siehst es nicht.

LXI

Ich wollt, meine Schmerzen ergössen
Sich all in ein einziges Wort,

Das gäb ich den lustigen Winden,
Die trügen es lustig fort.

Sie tragen zu dir, Geliebte,
Das schmerzerfüllte Wort;
Du hörst es zu jeder Stunde,
Du hörst es an jedem Ort.

Und hast du zum nächtlichen Schlummer
Geschlossen die Augen kaum,
So wird dich mein Wort verfolgen
Bis in den tiefsten Traum.

LXII

Du hast Diamanten und Perlen,
Hast alles, was Menschenbegehr,
Und hast die schönsten Augen –
Mein Liebchen, was willst du mehr?

Auf deine schönen Augen
Hab ich ein ganzes Heer
Von ewigen Liedern gedichtet –
Mein Liebchen, was willst du mehr?

Mit deinen schönen Augen
Hast du mich gequält so sehr,
Und hast mich zugrunde gerichtet –
Mein Liebchen, was willst du mehr?

LXIII

Wer zum ersten Male liebt,
Sei's auch glücklos, ist ein Gott;
Aber wer zum zweiten Male
Glücklos liebt, der ist ein Narr.

Ich, ein solcher Narr, ich liebe
Wieder ohne Gegenliebe!
Sonne, Mond und Sterne lachen,
Und ich lache mit – und sterbe.

LXIV

Gaben mir Rat und gute Lehren,
Überschütteten mich mit Ehren,
Sagten, daß ich nur warten sollt,
Haben mich protegieren gewollt.

Aber bei all ihrem Protegieren,
Hätte ich können vor Hunger krepieren,
Wär nicht gekommen ein braver Mann,
Wacker nahm er sich meiner an.

Braver Mann! Er schafft mir zu essen!
Will es ihm nie und nimmer vergessen!
Schade, daß ich ihn nicht küssen kann!
Denn ich bin selbst dieser brave Mann.

LXV

Diesen liebenswürd'gen Jüngling
Kann man nicht genug verehren;
Oft traktiert er mich mit Austern,
Und mit Rheinwein und Likören.

Zierlich sitzt ihm Rock und Höschen,
Doch noch zierlicher die Binde,
Und so kommt er jeden Morgen,
Fragt, ob ich mich wohl befinde;

Spricht von meinem weiten Ruhme,
Meiner Anmut, meinen Witzen;
Eifrig und geschäftig ist er
Mir zu dienen, mir zu nützen.

Und des Abends, in Gesellschaft,
Mit begeistertem Gesichte,
Deklamiert er vor den Damen
Meine göttlichen Gedichte.

Oh, wie ist es hoch erfreulich,
Solchen Jüngling noch zu finden,
Jetzt in unsrer Zeit, wo täglich
Mehr und mehr die Bessern schwinden.

LXVI

Mir träumt': ich bin der liebe Gott,
Und sitz im Himmel droben,
Und Englein sitzen um mich her,
Die meine Verse loben.

Und Küchen eß ich und Konfekt
Für manchen lieben Gulden,
Und Kardinal trink ich dabei,
Und habe keine Schulden.

Doch Langeweile plagt mich sehr,
Ich wollt, ich wär auf Erden,
Und wär ich nicht der liebe Gott,
Ich könnt des Teufels werden.

Du langer Engel Gabriel,
Geh, mach dich auf die Sohlen,
Und meinen teuren Freund Eugen
Sollst du herauf mir holen.

Such ihn nicht im Kollegium,
Such ihn beim Glas Tokaier;
Such ihn nicht in der Hedwigskirch,
Such ihn bei Mamsell Meyer.

Da breitet aus sein Flügelpaar
Und fliegt herab der Engel,
Und packt ihn auf, und bringt herauf
Den Freund, den lieben Bengel.

Ja, Jung, ich bin der liebe Gott,
Und ich regier die Erde!
Ich hab's ja immer dir gesagt,
Daß ich was Rechts noch werde.

Und Wunder tu ich alle Tag,
Die sollen dich entzücken,
Und dir zum Spaße will ich heut
Die Stadt Berlin beglücken.

Die Pflastersteine auf der Straß,
Die sollen jetzt sich spalten,
Und eine Auster, frisch und klar,
Soll jeder Stein enthalten.

Ein Regen von Zitronensaft
Soll tauig sie begießen,
Und in den Straßengössen soll
Der beste Rheinwein fließen.

Wie freuen die Berliner sich,
Sie gehen schon ans Fressen;
Die Herren von dem Landgericht,
Die saufen aus den Gössen.

Wie freuen die Poeten sich
Bei solchem Götterfraße!
Die Leutnants und die Fähnderichs,
Die lecken ab die Straße.

Die Leutnants und die Fähnderichs,
Das sind die klügsten Leute,
Sie denken, alle Tag geschieht
Kein Wunder so wie heute!

LXVII

Ich hab euch im besten Juli verlassen,
Und find euch wieder im Januar;
Ihr saßet damals so recht in der Hitze,
Jetzt seid ihr gekühlt und kalt sogar.

Bald scheid ich nochmals und komm ich einst wieder,
Dann seid ihr weder warm noch kalt,
Und über eure Gräber schreit ich,
Und das eigne Herz ist arm und alt.

LXVIII

Von schönen Lippen fortgedrängt, getrieben
Aus schönen Armen, die uns fest umschlossen!
Ich wäre gern noch einen Tag geblieben,
Da kam der Schwager schon mit seinen Rossen.
Das ist das Leben, Kind! Ein ewig Jammern,
Ein ewig Abschiednehmen, ew'ges Trennen!
Könnt denn dein Herz das mein'ge nicht umklammern?
Hat selbst dein Auge mich nicht halten können?

IXIX

Wir fuhren allein im dunkeln
Postwagen die ganze Nacht;
Wir ruhten einander am Herzen,
Wir haben gescherzt und gelacht.

Doch als es morgens tagte,
Mein Kind, wie staunten wir!
Denn zwischen uns saß Amor,
Der blinde Passagier.

LXX

Das weiß Gott, wo sich die tolle
Dirne einquartieret hat;
Fluchend, in dem Regenwetter,
Lauf ich durch die ganze Stadt.

Bin ich doch von einem Gasthof
Nach dem andern hingerannt,
Und an jeden groben Kellner
Hab ich mich umsonst gewandt.

Da erblick ich sie'am Fenster,
Und sie winkt und kichert hell.
Konnt ich wissen, du bewohntest,
Mädchen, solches Prachthotel!

LXXI

Wie dunkle Träume stehen
Die Häuser in langer Reih;
Tief eingehüllt im Mantel
Schreite ich schweigend vorbei.

Der Turm der Kathedrale
Verkündet die zwölfte Stund;
Mit ihren Reizen und Küssen
Erwartet mich Liebchen jetzund.

Der Mond ist mein Begleiter,
Er leuchtet mir freundlich vor;
Da bin ich an ihrem Hause,
Und freudig ruf ich empor:

»Ich danke dir, alter Vertrauter,
Daß du meinen Weg erhellt;
Jetzt will ich dich entlassen,
Jetzt leuchte der übrigen Welt!

Und findest du einen Verliebten,
Der einsam klagt sein Leid,
So tröst ihn, wie du mich selber
Getröstet in alter Zeit.«

LXXII

Und bist du erst mein ehlich Weib,
Dann bist du zu beneiden,
Dann lebst du in lauter Zeitvertreib,
In lauter Pläsier und Freuden.

Und wenn du schiltst und wenn du tobst,
Ich werd es geduldig leiden;
Doch wenn du meine Verse nicht lobst,
Laß ich mich von dir scheiden.

LXXIII

An deine schneeweiße Schulter
Hab ich mein Haupt gelehnt,
Und heimlich kann ich behorchen,
Wonach dein Herz sich sehnt.

Es blasen die blauen Husaren,
Und reiten zum Tor herein,
Und morgen will mich verlassen
Die Herzallerliebste mein.

Und willst du mich morgen verlassen
So bist du doch heute noch mein,
Und in deinen schönen Armen
Will ich doppelt selig sein.

LXXIV

Es blasen die blauen Husaren,
Und reiten zum Tor hinaus;
Da komm ich, Geliebte, und bringe
Dir einen Rosenstrauß.

Das war eine wilde Wirtschaft!
Kriegsvolk und Landesplag!
Sogar in deinem Herzchen
Viel Einquartierung lag.

LXXV

Habe auch, in jungen Jahren,
Manches bittre Leid erfahren
Von der Liebe Glut.
Doch das Holz ist gar zu teuer,
Und erlöschen will das Feuer,
Mafoi! und das ist gut.

Das bedenke, junge Schöne,
Schicke fort die dumme Träne,
Und den dummen Liebesharm.
Ist das Leben dir geblieben,
So vergiß das alte Lieben,
Ma foi! in meinem Arm.

LXXVI

Bist du wirklich mir so feindlich,
Bist du wirklich ganz verwandelt?
Aller Welt will ich es klagen,
Daß du mich so schlecht behandelt.

O ihr undankbaren Lippen,
Sagt, wie könnt ihr Schlimmes sagen
Von dem Manne, der so liebend
Euch geküßt, in schönen Tagen?

LXXVII

Ach, die Augen sind es wieder,
Die mich einst so lieblich grüßten,
Und es sind die Lippen wieder,
Die das Leben mir versüßten!

Auch die Stimme ist es wieder,
Die ich einst so gern gehöret!
Nur ich selber bin's nicht wieder,
Bin verändert heimgekehret.

Von den weißen, schönen Armen
Fest und liebevoll umschlossen,
Lieg ich jetzt an ihrem Herzen,
Dumpfen Sinnes und verdrossen.

LXXVIII

Selten habt ihr mich verstanden,
Selten auch verstand ich euch,
Nur wenn wir im Kot uns fanden,
So verstanden wir uns gleich.

LXXIX

Doch die Kastraten klagten,
Als ich meine Stimm erhob;
Sie klagten und sie sagten:
Ich sänge viel zu grob.

Und lieblich erhoben sie alle
Die kleinen Stimmelein,
Die Trillerchen, wie Kristalle,
Sie klangen so fein und rein.

Sie sangen von Liebessehnen,
Von Liebe und Liebeserguß;
Die Damen schwammen in Tränen,
Bei solchem Kunstgenuß.

LXXX

Auf den Wällen Salamankas
Sind die Lüfte lind und labend;
Dort, mit meiner holden Donna,
Wandle ich am Sommerabend.

Um den schlanken Leib der Schönen
Hab ich meinen Arm gebogen,
Und mit sel'gem Finger fühl ich
Ihres Busens stolzes Wogen.

Doch ein ängstliches Geflüster
Zieht sich durch die Lindenbäume,
Und der dunkle Mühlbach unten
Murmelt böse, bange Träume.

»Ach, Señora, Ahnung sagt mir:
Einst wird man mich relegieren,
Und auf Salamankas Wällen
Gehn wir nimmermehr spazieren.«

LXXXI

Neben mir wohnt Don Henriques,
Den man auch den Schönen nennet;
Nachbarlich sind unsre Zimmer
Nur von dünner Wand getrennet.

Salamankas Damen glühen,
Wenn er durch die Straßen schreitet,
Sporenklirrend, schnurrbartkräuselnd,
Und von Hunden stets begleitet.

Doch in stiller Abendstunde
Sitzt er ganz allein daheime,
In den Händen die Gitarre,
In der Seele süße Träume.

In die Saiten greift er bebend
Und beginnt zu phantasieren –
Ach! wie Katzenjammer quält mich
Sein Geschnarr und Quinquilieren.

LXXXII

Kaum sahen wir uns, und an Augen und Stimme
Merkt ich, daß du mir gewogen bist;
Stand nicht dabei die Mutter, die schlimme,
Ich glaube, wir hätten uns gleich geküßt.

Und morgen verlasse ich wieder das Städtchen,
Und eile fort im alten Lauf;
Dann lauert am Fenster mein blondes Mädchen,
Und freundliche Grüße werf ich hinauf.

LXXXIII

Über die Berge steigt schon die Sonne,
Die Lämmerherde läutet fern;
Mein Liebchen, mein Lamm, meine Sonne und Wonne,
Noch einmal säh ich dich gar zu gern!

Ich schaue hinauf, mit spähender Miene –
Leb wohl, mein Kind, ich wandre von hier!
Vergebens! Es regt sich keine Gardine;
Sie liegt noch und schläft – und träumt von mir?

LXXXIV

Zu Halle auf dem Markt,
Da stehn zwei große Löwen.
Ei, du hallischer Löwentrotz,
Wie hat man dich gezähmet!

Zu Halle auf dem Markt,
Da steht ein großer Riese.
Er hat ein Schwert und regt sich nicht,
Er ist vor Schreck versteinert.

Zu Halle auf dem Markt,
Da steht eine große Kirche.
Die Burschenschaft und die Landsmannschaft,
Die haben dort Platz zum Beten.

LXXXV

Dämmernd liegt der Sommerabend
Über Wald und grünen Wiesen;
Goldner Mond, im blauen Himmel,
Strahlt herunter, duftig labend.

An dem Bache zirpt die Grille,
Und es regt sich in dem Wasser,
Und der Wandrer hört ein Plätschern
Und ein Atmen in der Stille.

Dorten, an dem Bach alleine,
Badet sich die schöne Elfe;
Arm und Nacken, weiß und lieblich,
Schimmern in dem Mondenscheine.

LXXXVI

Nacht liegt auf den fremden Wegen,
Krankes Herz und müde Glieder; –

Ach, da fließt, wie stiller Segen,
Süßer Mond, dein Licht hernieder.

Süßer Mond, mit deinen Strahlen
Scheuchest du das nächt'ge Grauen;
Es zerrinnen meine Qualen,
Und die Augen übertauen.

LXXXVII

Der Tod das ist die kühle Nacht,
Das Leben ist der schwüle Tag.
Es dunkelt schon, mich schläfert,
Der Tag hat mich müd gemacht.

Über mein Bett erhebt sich ein Baum,
Drin singt die junge Nachtigall;
Sie singt von lauter Liebe,
Ich hör es sogar im Traum.

LXXXVIII

»Sag, wo ist dein schönes Liebchen,
Das du einst so schön besungen,
Als die zaubermächt'gen Flammen
Wunderbar dein Herz durchdrungen?«

Jene Flammen sind erloschen,
Und mein Herz ist kalt und trübe,
Und dies Büchlein ist die Urne
Mit der Asche meiner Liebe.

Götterdämmerung

Der Mai ist da mit seinen goldnen Lichtern,
Und seidnen Lüften und gewürzten Düften,
Und freundlich lockt er mit den weißen Blüten,
Und grüßt aus tausend blauen Veilchenaugen,
Und breitet aus den blumreich grünen Teppich,
Durchwebt mit Sonnenschein und Morgentau,
Und ruft herbei die lieben Menschenkinder.
Das blöde Volk gehorcht dem ersten Ruf.
Die Männer ziehn die Nankinhosen an,
Und Sonntagsröck mit goldnen Spiegelknöpfen.
Die Frauen kleiden sich in Unschuldweiß.
Jünglinge kräuseln sich den Frühlingsschnurrbart;
Jungfrauen lassen ihre Busen wallen;
Die Stadtpoeten stecken in die Tasche
Papier und Bleistift und Lorgnett; – und jubelnd
Zieht nach dem Tor die krausbewegte Schar,
Und lagert draußen sich auf grünem Rasen,
Bewundert, wie die Bäume fleißig wachsen,
Spielt mit den bunten, zarten Blümelein,
Horcht auf den Sang der lust'gen Vögelein,
Und jauchzt hinauf zum blauen Himmelszelt.

Zu mir kam auch der Mai. Er klopfte dreimal
An meine Tür, und rief: »Ich bin der Mai,
Du bleicher Träumer, komm, ich will dich küssen!«
Ich hielt verriegelt meine Tür, und rief:
»Vergebens lockst du mich, du schlimmer Gast.
Ich habe dich durchschaut, ich hab durchschaut
Den Bau der Welt, und hab zu viel geschaut,
Und viel zu tief, und hin ist alle Freude,
Und ew'ge Qualen zogen in mein Herz.
Ich schaue durch die steinern harten Rinden
Der Menschenhäuser und der Menschenherzen,
Und schau in beiden Lug und Trug und Elend.
Auf den Gesichtern les ich die Gedanken,
Viel schlimme. In der Jungfrau Schamerröten

Seh ich geheime Lust begehrlich zittern;
Auf dem begeistert stolzen Jünglingshaupt
Seh ich die lachend bunte Schellenkappe;
Und Fratzenbilder nur und sieche Schatten
Seh ich auf dieser Erde, und ich weiß nicht,
Ist sie ein Tollhaus oder Krankenhaus.
Ich sehe durch den Grund der alten Erde,
Als sei sie von Kristall, und seh das Grausen,
Das mit dem freud'gen Grüne zu bedecken
Der Mai vergeblich strebt. Ich seh die Toten;
Sie liegen unten in den schmalen Särgen,
Die Händ gefaltet und die Augen offen,
Weiß das Gewand und weiß das Angesicht,
Und durch die Lippen kriechen gelbe Würmer.
Ich seh, der Sohn setzt sich mit seiner Buhle
Zur Kurzweil nieder auf des Vaters Grab; –
Spottlieder singen rings die Nachtigallen; –
Die sanften Wiesenblümchen lachen hämisch; –
Der tote Vater regt sich in dem Grab; –
Und schmerzhaft zuckt die alte Mutter Erde.«

Du arme Erde, deine Schmerzen kenn ich!
Ich seh die Glut in deinem Busen wühlen,
Und deine tausend Adern seh ich bluten,
Und seh, wie deine Wunde klaffend aufreißt,
Und wild hervorströmt Flamm und Rauch und Blut.
Ich sehe deine trotz'gen Riesensöhne,
Uralte Brut, aus dunkeln Schlünden steigend
Und rote Fackeln in den Händen schwingend; –
Sie legen ihre Eisenleiter an,
Und stürmen wild hinauf zur Himmelsfeste; –
Und schwarze Zwerge klettern nach; – und knisternd
Zerstieben droben alle goldnen Sterne.
Mit frecher Hand reißt man den goldnen Vorhang
Vom Zelte Gottes, heulend stürzen nieder,
Aufs Angesicht, die frommen Engelscharen.
Auf seinem Throne sitzt der bleiche Gott,
Reißt sich vom Haupt die Kron, zerrauft sein Haar –
Und näher drängt heran die wilde Rotte.

Die Riesen werfen ihre roten Fackeln
Ins weite Himmelreich, die Zwerge schlagen
Mit Flammengeißeln auf der Englein Rücken; –
Die winden sich und krümmen sich vor Qualen,
Und werden bei den Haaren fortgeschleudert; –
Und meinen eignen Engel seh ich dort,
Mit seinen blonden Locken, süßen Zügen,
Und mit der ew'gen Liebe um den Mund,
Und mit der Seligkeit im blauen Auge –
Und ein entsetzlich häßlich schwarzer Kobold
Reißt ihn vom Boden, meinen bleichen Engel,
Beäugelt grinsend seine edlen Glieder,
Umschlingt ihn fest mit zärtlicher Umschlingung –
Und gellend dröhnt ein Schrei durchs ganze Weltall,
Die Säulen brechen, Erd und Himmel stürzen
Zusammen, und es herrscht die alte Nacht.

Ratcliff

Der Traumgott brachte mich in eine Landschaft,
Wo Trauerweiden mir »Willkommen« winkten,
Mit ihren langen, grünen Armen, wo die Blumen
Mit klugen Schwesteraugen still mich ansahn,
Wo mir vertraulich klang der Vögel Zwitschern,
Wo gar der Hunde Bellen mir bekannt schien,
Und Stimmen und Gestalten mich begrüßten,
Wie einen alten Freund, und wo doch alles
So fremd mir schien, so wunderseltsam fremd.
Vor einem ländlich schmucken Hause stand ich,
In meiner Brust bewegte sich's, im Kopfe
War's ruhig, ruhig schüttelte ich ab
Den Staub von meinen Reisekleidern,
Grell klang die Klingel, und die Tür ging auf.

Da waren Männer, Frauen, viel bekannte
Gesichter. Stiller Kummer lag auf allen

Und heimlich scheue Angst. Seltsam verstört,
Mit Beileidsmienen fast, sahn sie mich an,
Daß es mir selber durch die Seele schauert',
Wie Ahnung eines unbekannten Unheils.
Die alte Margret hab ich gleich erkannt;
Ich sah sie forschend an, jedoch sie sprach nicht.
»Wo ist Maria?« fragt ich, doch sie sprach nicht,
Griff leise meine Hand, und führte mich
Durch viele lange, leuchtende Gemächer,
Wo Prunk und Pracht und Totenstille herrschte,
Und führt' mich endlich in ein dämmernd Zimmer,
Und zeigt', mit abgewandtem Angesicht,
Nach der Gestalt die auf dem Sofa saß.
»Sind Sie Maria?« fragt ich. Innerlich
Erstaunt ich selber ob der Festigkeit,
Womit ich sprach. Und steinern und metallos
Scholl eine Stimm: »So nennen mich die Leute.«
Ein schneidend Weh durchfröstelte mich da,
Denn jener hohle, kalte Ton war doch
Die einst so süße Stimme von Maria!
Und jenes Weib im fahlen Lilakleid,
Nachlässig angezogen, Busen schlotternd,
Die Augen gläsern starr, die Wangenmuskeln
Des weißen Angesichtes lederschlaff –
Ach, jenes Weib war doch die einst so schöne,
Die blühend holde liebliche Maria!
»Sie waren lang auf Reisen!« sprach sie laut,
Mit kalt unheimlicher Vertraulichkeit,
»Sie schaun nicht mehr so schmachtend, liebster Freund,
Sie sind gesund, und pralle Lend und Wade
Bezeugt Solidität.« Ein süßlich Lächeln
Umzitterte den gelblich blassen Mund.
In der Verwirrung sprach's aus mir hervor:
»Man sagte mir, Sie haben sich vermählt?«
»Ach ja!« sprach sie gleichgültig laut und lachend,
»Hab einen Stock von Holz, der überzogen
Mit Leder ist, Gemahl sich nennt; doch Holz
Ist Holz!« Und klanglos widrig lachte sie,
Daß kalte Angst durch meine Seele rann,

Und Zweifel mich ergriff: – sind das die keuschen,
Die blumenkeuschen Lippen von Maria?
Sie aber hob sich in die Höh, nahm rasch
Vom Stuhl den Kaschmir, warf ihn
Um ihren Hals, hing sich an meinen Arm,
Zog mich von hinnen, durch die offne Haustür,
Und zog mich fort durch Feld und Busch und Au.

Die glühend rote Sonnenscheibe schwebte
Schon niedrig, und ihr Purpur überstrahlte
Die Bäume und die Blumen und den Strom,
Der in der Ferne majestätisch floß.
»Sehn Sie das große goldne Auge schwimmen
Im blauen Wasser?« rief Maria hastig.
»Still armes Wesen!« sprach ich, und ich schaute
Im Dämmerlicht ein märchenhaftes Weben.
Es stiegen Nebelbilder aus den Feldern,
Umschlangen sich mit weißen, weichen Armen;
Die Veilchen sahn sich zärtlich an, sehnsüchtig
Zusammenbeugten sich die Lilienkelche;
Aus allen Rosen glühten Wollustgluten;
Die Nelken wollten sich im Hauch entzünden;
In sel'gen Düften schwelgten alle Blumen,
Und alle weinten stille Wonnetränen,
Und alle jauchzten: Liebe! Liebe! Liebe!
Die Schmetterlinge flatterten, die hellen
Goldkäfer summten feine Elfenliedchen,
Die Abendwinde flüsterten, es rauschten
Die Eichen, schmelzend sang die Nachtigall –
Und zwischen all dem Flüstern, Rauschen, Singen,
Schwatzte mit blechern klanglos kalter Stimme
Das welke Weib, das mir am Arme hing,
»Ich kenn Ihr nächtlich Treiben auf dem Schloß;
Der lange Schatten ist ein guter Tropf,
Er nickt und winkt zu allem was man will;
Der Blaurock ist ein Engel; doch der Rote,
Mit blankem Schwert, ist Ihnen spinnefeind.«
Und noch viel buntre, wunderliche Reden
Schwatzt sie in einem fort, und setzte sich,

Ermüdet, mit mir nieder auf die Moosbank,
Die unterm alten Eichenbaume steht.

Da saßen wir beisammen, still und traurig,
Und sahn uns an, und wurden immer traur'ger.
Die Eiche säuselte wie Sterbeseufzer,
Tiefschmerzlich sang die Nachtigall herab.
Doch rote Lichter drangen durch die Blätter,
Umflimmerten Marias weißes Antlitz,
Und lockten Glut aus ihren starren Augen,
Und mit der alten süßen Stimme sprach sie:
»Wie wußtest du, daß ich so elend bin,
Ich las es jüngst in deinen wilden Liedern?«
Eiskalt durchzog's mir da die Brust, mir grauste
Ob meinem eignen Wahnsinn, der die Zukunft
Geschaut, es zuckte dunkel durch mein Hirn,
Und vor Entsetzen bin ich aufgewacht.

Donna Clara

In dem abendlichen Garten
Wandelt des Alkaden Tochter;
Pauken- und Trommetenjubel
Klingt herunter von dem Schlosse.

»Lästig werden mir die Tänze
Und die süßen Schmeichelworte,
Und die Ritter, die so zierlich
Mich vergleichen mit der Sonne.

Überlästig wird mir alles,
Seit ich sah, beim Strahl des Mondes,
Jenen Ritter, dessen Laute
Nächtens mich ans Fenster lockte.

Wie er stand so schlank und mutig,
Und die Augen leuchtend schossen

Aus dem edelblassen Antlitz,
Glich er wahrlich Sankt Georgen.«

Also dachte Donna Clara,
Und sie schaute auf den Boden;
Wie sie aufblickt, steht der schöne,
Unbekannte Ritter vor ihr.

Händedrückend, liebeflüsternd,
Wandeln sie umher im Mondschein,
Und der Zephyr schmeichelt freundlich,
Märchenartig grüßen Rosen.

Märchenartig grüßen Rosen,
Und sie glühn wie Liebesboten. –
»Aber sage mir, Geliebte,
Warum du so plötzlich rot wirst?«

»Mücken stachen mich, Geliebter,
Und die Mücken sind, im Sommer,
Mir so tief verhaßt, als wären's
Langenas'ge Judenrotten.«

»Laß die Mücken und die Juden«,
Spricht der Ritter, freundlich kosend.
Von den Mandelbäumen fallen
Tausend weiße Blütenflocken.

Tausend weiße Blütenflocken
Haben ihren Duft ergossen. –
»Aber sage mir, Geliebte,
Ist dein Herz mir ganz gewogen?«

»Ja, ich liebe dich, Geliebter,
Bei dem Heiland sei's geschworen,
Den die gottverfluchten Juden
Boshaft tückisch einst ermordet.«

»Laß den Heiland und die Juden«,
Spricht der Ritter, freundlich kosend.
In der Ferne schwanken traumhaft
Weiße Lilien, lichtumflossen.

Weiße Lilien, lichtumflossen,
Blicken nach den Sternen droben. –
»Aber sage mir, Geliebte,
Hast du auch nicht falsch geschworen?«

»Falsch ist nicht in mir, Geliebter,
Wie in meiner Brust kein Tropfen
Blut ist von dem Blut der Mohren
Und des schmutz'gen Jüdenvolkes.«

»Laß die Mohren und die Juden«,
Spricht der Ritter, freundlich kosend;
Und nach einer Myrtenlaube
Führt er die Alkadentochter.

Mit den weichen Liebesnetzen
Hat er heimlich sie umflochten;
Kurze Worte, lange Küsse,
Und die Herzen überflossen.

Wie ein schmelzend süßes Brautlied
Singt die Nachtigall, die holde;
Wie zum Fackeltanze hüpfen
Feuerwürmchen auf dem Boden.

In der Laube wird es stiller,
Und man hört nur, wie verstohlen,
Das Geflüster kluger Myrten
Und der Blumen Atemholen.

Aber Pauken und Trommeten
Schallen plötzlich aus dem Schlosse,
Und erwachend hat sich Clara
Aus des Ritters Arm gezogen.

»Horch! da ruft es mich, Geliebter,
Doch, bevor wir scheiden, sollst du
Nennen deinen lieben Namen,
Den du mir so lang verborgen.«

Und der Ritter, heiter lächelnd,
Küßt die Finger seiner Donna,
Küßt die Lippen und die Stirne,
Und er spricht zuletzt die Worte:

»Ich, Señora, Eur Geliebter,
Bin der Sohn des vielbelobten,
Großen, schriftgelehrten Rabbi
Israel von Saragossa.«

Almansor

I

In dem Dome zu Corduva
Stehen Säulen, dreizehnhundert,
Dreizehnhundert Riesensäulen
Tragen die gewalt'ge Kuppel.

Und auf Säulen, Kuppel, Wänden,
Ziehn von oben sich bis unten
Des Korans arab'sche Sprüche,
Klug und blumenhaft verschlungen.

Mohrenkön'ge bauten weiland
Dieses Haus zu Allahs Ruhme,
Doch hat vieles sich verwandelt
In der Zeiten dunkelm Strudel.

Auf dem Turme, wo der Türmer
Zum Gebete aufgerufen,
Tönet jetzt der Christenglocken
Melancholisches Gesumme.

Auf den Stufen, wo die Gläub'gen
Das Prophetenwort gesungen,
Zeigen jetzt die Glatzenpfäfflein
Ihrer Messe fades Wunder.

Und das ist ein Drehn und Winden
Vor den buntbemalten Puppen,
Und das blökt und dampft und klingelt,
Und die dummen Kerzen funkeln.

In dem Dome zu Corduva
Steht Almansor ben Abdullah,
All die Säulen still betrachtend,
Und die stillen Worte murmelnd:

»Oh, ihr Säulen, stark und riesig,
Einst geschmückt zu Allahs Ruhme,
Jetzo müßt ihr dienend huld'gen
Dem verhaßten Christentume!

Ihr bequemt euch in die Zeiten,
Und ihr tragt die Last geduldig; –
Ei, da muß ja wohl der Schwächre
Noch viel leichter sich beruh'gen.«

Und sein Haupt, mit heiterm Antlitz,
Beugt Almansor ben Abdullah
Über den gezierten Taufstein,
In dem Dome zu Corduva.

II

Hastig schritt er aus dem Dome,
Jagte fort auf wildem Rappen,
Daß im Wind die feuchten Locken
Und des Hutes Federn wallen.

Auf dem Weg nach Alkolea,
Dem Guadalquivir entlange,

Wo die weißen Mandeln blühen,
Und die duft'gen Goldorangen;

Dorten jagt der lust'ge Ritter,
Pfeift und singt, und lacht behaglich,
Und es stimmen ein die Vögel,
Und des Stromes laute Wasser.

In dem Schloß zu Alkolea
Wohnet Clara de Alvares,
In Navarra kämpft ihr Vater
Und sie freut sich mindern Zwanges.

Und Almansor hört schon ferne
Pauken und Trommeten schallen,
Und er sieht des Schlosses Lichter
Blitzen durch der Bäume Schatten.

In dem Schloß zu Alkolea
Tanzen zwölf geschmückte Damen,
Tanzen zwölf geschmückte Ritter,
Doch am schönsten tanzt Almansor.

Wie beschwingt von muntrer Laune
Flattert er herum im Saale,
Und er weiß den Damen allen
Süße Schmeichelein zu sagen.

Isabellens schöne Hände
Küßt er rasch, und springt von dannen;
Und er setzt sich vor Elviren
Und er schaut ihr froh ins Antlitz.

Lachend fragt er Leonoren:
Ob er heute ihr gefalle?
Und er zeigt die goldnen Kreuze
Eingestickt in seinen Mantel.

Er versichert jeder Dame:
Daß er sie im Herzen trage;
Und »so wahr ich Christ bin« schwört er
Dreißigmal an jenem Abend.

III

In dem Schloß zu Alkolea
Ist verschollen Lust und Klingen,
Herrn und Damen sind verschwunden,
Und erloschen sind die Lichter.

Donna Clara und Almansor
Sind allein im Saal geblieben;
Einsam streut die letzte Lampe
Über beide ihren Schimmer.

Auf dem Sessel sitzt die Dame,
Auf dem Schemel sitzt der Ritter,
Und sein Haupt, das schlummermüde,
Ruht auf den geliebten Knieen.

Rosenöl, aus goldnem Fläschchen,
Gießt die Dame, sorgsam sinnend,
Auf Almansors braune Locken –
Und er seufzt aus Herzenstiefe.

Süßen Kuß, mit sanftem Munde,
Drückt die Dame, sorgsam sinnend,
Auf Almansors braune Locken –
Und es wölkt sich seine Stirne.

Tränenflut, aus lichten Augen,
Weint die Dame, sorgsam sinnend,
Auf Almansors braune Locken –
Und es zuckt um seine Lippen.

Und er träumt: er stehe wieder,
Tief das Haupt gebeugt und triefend,
In dem Dome zu Corduva,
Und er hört' viel dunkle Stimmen.

All die hohen Riesensäulen
Hört er murmeln unmutgrimmig,

Länger wollen sie's nicht tragen,
Und sie wanken und sie zittern; –

Und sie brechen wild zusammen,
Es erbleichen Volk und Priester,
Krachend stürzt herab die Kuppel,
Und die Christengötter wimmern.

Die Wallfahrt nach Kevlaar

I

Am Fenster stand die Mutter,
Im Bette lag der Sohn.
»Willst du nicht aufstehn, Wilhelm,
Zu schaun die Prozession?« –

»Ich bin so krank, o Mutter,
Daß ich nicht hör und seh;
Ich denk an das tote Gretchen,
Da tut das Herz mir weh.« –

»Steh auf, wir wollen nach Kevlaar,
Nimm Buch und Rosenkranz;
Die Mutter Gottes heilt dir
Dein krankes Herze ganz.«

Es flattern die Kirchenfahnen,
Es singt im Kirchenton;
Das ist zu Köllen am Rheine,
Da geht die Prozession.

Die Mutter folgt der Menge,
Den Sohn, den führet sie,
Sie singen beide im Chore:
Gelobt seist du Marie!

II

Die Mutter Gottes zu Kevlaar
Trägt heut ihr bestes Kleid;
Heut hat sie viel zu schaffen,
Es kommen viel kranke Leut.

Die kranken Leute bringen
Ihr dar, als Opferspend,
Aus Wachs gebildete Glieder,
Viel wächserne Füß und Händ.

Und wer eine Wachshand opfert,
Dem heilt an der Hand die Wund;
Und wer einen Wachsfuß opfert,
Dem wird der Fuß gesund.

Nach Kevlaar ging mancher auf Krücken,
Der jetzo tanzt auf dem Seil,
Gar mancher spielt jetzt die Bratsche,
Dem dort kein Finger war heil.

Die Mutter nahm ein Wachslicht,
Und bildete draus ein Herz.
»Bring das der Mutter Gottes,
Dann heilt sie deinen Schmerz.«

Der Sohn nahm seufzend das Wachsherz,
Ging seufzend zum Heiligenbild;
Die Träne quillt aus dem Auge,
Das Wort aus dem Herzen quillt:

»Du Hochgebenedeite,
Du reine Gottesmagd,
Du Königin des Himmels.
Dir sei mein Leid geklagt!

Ich wohnte mit meiner Mutter
Zu Köllen in der Stadt,

Der Stadt, die viele hundert
Kapellen und Kirchen hat.

Und neben uns wohnte Gretchen,
Doch die ist tot jetzund –
Marie, dir bring ich ein Wachsherz,
Heil du meine Herzenswund.

Heil du mein krankes Herze,
Ich will auch spät und früh
Inbrünstiglich beten und singen:
Gelobt seist du, Marie!«

III

Der kranke Sohn und die Mutter,
Die schliefen im Kämmerlein;
Da kam die Mutter Gottes
Ganz leise geschritten herein.

Sie beugte sich über den Kranken,
Und legte ihre Hand
Ganz leise auf sein Herze,
Und lächelte mild und schwand.

Die Mutter schaut alles im Traume,
Und hat noch mehr geschaut;
Sie erwachte aus dem Schlummer,
Die Hunde bellten so laut.

Da lag dahingestrecket
Ihr Sohn, und der war tot;
Es spielt auf den bleichen Wangen
Das lichte Morgenrot.

Die Mutter faltet die Hände,
Ihr war, sie wußte nicht wie;
Andächtig sang sie leise:
Gelobt seist du, Marie!

Aus der Harzreise

1824

Prolog

Schwarze Röcke, seidne Strümpfe,
Weiße, höfliche Manschetten,
Sanfte Reden, Embrassieren –
Ach, wenn sie nur Herzen hätten!

Herzen in der Brust, und Liebe,
Warme Liebe in dem Herzen –
Ach, mich tötet ihr Gesinge
Von erlognen Liebesschmerzen.

Auf die Berge will ich steigen,
Wo die frommen Hütten stehen,
Wo die Brust sich frei erschließet,
Und die freien Lüfte wehen.

Auf die Berge will ich steigen,
Wo die dunkeln Tannen ragen,
Bäche rauschen, Vögel singen,
Und die stolzen Wolken jagen.

Lebet wohl, ihr glatten Säle!
Glatte Herren, glatte Frauen!
Auf die Berge will ich steigen,
Lachend auf euch niederschauen.

Bergidylle

I

Auf dem Berge steht die Hütte,
Wo der alte Bergmann wohnt;

Dorten rauscht die grüne Tanne,
Und erglänzt der goldne Mond.

In der Hütte steht ein Lehnstuhl,
Ausgeschnitzelt wunderlich,
Der darauf sitzt, der ist glücklich,
Und der Glückliche bin ich!

Auf dem Schemel sitzt die Kleine,
Stützt den Arm auf meinen Schoß;
Äuglein wie zwei blaue Sterne,
Mündlein wie die Purpurros.

Und die lieben, blauen Sterne
Schaun mich an so himmelgroß,
Und sie legt den Lilienfinger
Schalkhaft auf die Purpurros.

Nein, es sieht uns nicht die Mutter,
Denn sie spinnt mit großem Fleiß,
Und der Vater spielt die Zither,
Und er singt die alte Weis.

Und die Kleine flüstert leise,
Leise, mit gedämpftem Laut;
Manches wichtige Geheimnis
Hat sie mir schon anvertraut.

»Aber seit die Muhme tot ist,
Können wir ja nicht mehr gehn
Nach dem Schützenhof zu Goslar,
Dorten ist es gar zu schön.

Hier dagegen ist es einsam,
Auf der kalten Bergeshöh,
Und des Winters sind wir gänzlich
Wie begraben in dem Schnee.

Und ich bin ein banges Mädchen,
Und ich fürcht mich wie ein Kind

Vor den bösen Bergesgeistern,
Die des Nachts geschäftig sind.«

Plötzlich schweigt die liebe Kleine,
Wie vom eignen Wort erschreckt,
Und sie hat mit beiden Händchen
Ihre Äugelein bedeckt.

Lauter rauscht die Tanne draußen,
Und das Spinnrad schnurrt und brummt,
Und die Zither klingt dazwischen,
Und die alte Weise summt:

»Fürcht dich nicht, du liebes Kindchen,
Vor der bösen Geister Macht;
Tag und Nacht, du liebes Kindchen,
Halten Englein bei dir Wacht!«

II

Tannenbaum, mit grünen Fingern,
Pocht ans niedre Fensterlein,
Und der Mond, der stille Lauscher,
Wirft sein goldnes Licht herein.

Vater, Mutter, schnarchen leise
In dem nahen Schlafgemach,
Doch wir beide, selig schwatzend,
Halten uns einander wach.

»Daß du gar zu oft gebetet,
Das zu glauben wird mir schwer,
Jenes Zucken deiner Lippen
Kommt wohl nicht vom Beten her.

Jenes böse, kalte Zucken,
Das erschreckt mich jedesmal,
Doch die dunkle Angst beschwichtigt
Deiner Augen frommer Strahl.

Auch bezweifl ich, daß du glaubest,
Was so rechter Glauben heißt –
Glaubst wohl nicht an Gott den Vater,
An den Sohn und Heil'gen Geist ?«

Ach, mein Kindchen, schon als Knabe,
Als ich saß auf Mutters Schoß,
Glaubte ich an Gott den Vater,
Der da waltet gut und groß;

Der die schöne Erd erschaffen,
Und die schönen Menschen drauf,
Der den Sonnen, Monden, Sternen
Vorgezeichnet ihren Lauf.

Als ich größer wurde, Kindchen,
Noch viel mehr begriff ich schon,
Ich begriff, und ward vernünftig,
Und ich glaub auch an den Sohn;

An den lieben Sohn, der liebend
Uns die Liebe offenbart,
Und zum Lohne, wie gebräuchlich,
Von dem Volk gekreuzigt ward.

Jetzo, da ich ausgewachsen,
Viel gelesen, viel gereist,
Schwillt mein Herz, und ganz von Herzen
Glaub ich an den Heil'gen Geist.

Dieser tat die größten Wunder,
Und viel größre tut er noch;
Er zerbrach die Zwingherrnburgen,
Und zerbrach des Knechtes Joch.

Alte Todeswunden heilt er,
Und erneut das alte Recht:
Alle Menschen, gleichgeboren,
Sind ein adliges Geschlecht.

Er verscheucht die bösen Nebel
Und das dunkle Hirngespinst,
Das uns Lieb und Lust verleidet,
Tag und Nacht uns angegrinzt.

Tausend Ritter, wohlgewappnet,
Hat der Heil'ge Geist erwählt,
Seinen Willen zu erfüllen,
Und er hat sie mutbeseelt.

Ihre teuern Schwerter blitzen,
Ihre guten Banner wehn!
Ei, du möchtest wohl, mein Kindchen,
Solche stolze Ritter sehn?

Nun, so schau mich an, mein Kindchen,
Küsse mich und schaue dreist;
Denn ich selber bin ein solcher
Ritter von dem Heil'gen Geist.

III

Still versteckt der Mond sich draußen
Hinterm grünen Tannenbaum,
Und im Zimmer unsre Lampe
Flackert matt und leuchtet kaum.

Aber meine blauen Sterne
Strahlen auf in hellerm Licht,
Und es glühn die Purpurröslein,
Und das liebe Mädchen spricht:

»Kleines Völkchen, Wichtelmännchen,
Stehlen unser Brot und Speck,
Abends liegt es noch im Kasten,
Und des Morgens ist es weg.

Kleines Völkchen, unsre Sahne
Nascht es von der Milch, und läßt
Unbedeckt die Schüssel stehen,
Und die Katze säuft den Rest.

Und die Katz ist eine Hexe,
Denn sie schleicht, bei Nacht und Sturm,
Drüben nach dem Geisterberge,
Nach dem altverfallnen Turm.

Dort hat einst ein Schloß gestanden,
Voller Lust und Waffenglanz;
Blanke Ritter, Fraun und Knappen
Schwangen sich im Fackeltanz.

Da verwünschte Schloß und Leute
Eine böse Zauberin,
Nur die Trümmer blieben stehen,
Und die Eulen nisten drin.

Doch die sel'ge Muhme sagte:
Wenn man spricht das rechte Wort,
Nächtlich zu der rechten Stunde,
Drüben an dem rechten Ort:

So verwandeln sich die Trümmer
Wieder in ein helles Schloß,
Und es tanzen wieder lustig
Ritter, Fraun und Knappentroß;

Und wer jenes Wort gesprochen,
Dem gehören Schloß und Leut,
Pauken und Trompeten huld'gen
Seiner jungen Herrlichkeit.«

Also blühen Märchenbilder
Aus des Mundes Röselein,
Und die Augen gießen drüber
Ihren blauen Sternenschein.

Ihre goldnen Haare wickelt
Mir die Kleine um die Händ,
Gibt den Fingern hübsche Namen,
Lacht und küßt, und schweigt am End.

Und im stillen Zimmer alles
Blickt mich an so wohlvertraut;
Tisch und Schrank, mir ist als hätt ich
Sie schon früher mal geschaut.

Freundlich ernsthaft schwatzt die Wanduhr,
Und die Zither, hörbar kaum,
Fängt von selber an zu klingen,
Und ich sitze wie im Traum.

Jetzo ist die rechte Stunde,
Und es ist der rechte Ort;
ja, ich glaube von den Lippen
Gleitet mir das rechte Wort.

Siehst du, Kindchen, wie schon dämmert
Und erbebt die Mitternacht!
Bach und Tannen brausen lauter,
Und der alte Berg erwacht.

Zitherklang und Zwergenlieder
Tönen aus des Berges Spalt,
Und es sprießt, wie 'n toller Frühling,
Draus hervor ein Blumenwald; –

Blumen, kühne Wunderblumen,
Blätter, breit und fabelhaft,
Duftig bunt und hastig regsam,
Wie gedrängt von Leidenschaft.

Rosen, wild wie rote Flammen,
Sprühn aus dem Gewühl hervor;
Lilien, wie kristallne Pfeiler,
Schießen himmelhoch empor.

Und die Sterne, groß wie Sonnen,
Schaun herab mit Sehnsuchtglut;
In der Lilien Riesenkelche
Strömet ihre Strahlenflut.

Doch wir selber, süßes Kindchen,
Sind verwandelt noch viel mehr;
Fackelglanz und Gold und Seide
Schimmern lustig um uns her.

Du, du wurdest zur Prinzessin,
Diese Hütte ward zum Schloß,
Und da jubeln und da tanzen
Ritter, Fraun und Knappentroß.

Aber ich, ich hab erworben
Dich und alles, Schloß und Leut;
Pauken und Trompeten huld'gen
Meiner jungen Herrlichkeit!

Der Hirtenknabe

König ist der Hirtenknabe,
Grüner Hügel ist sein Thron;
Über seinem Haupt die Sonne
Ist die große, goldne Kron.

Ihm zu Füßen liegen Schafe,
Weiche Schmeichler, rotbekreuzt;
Kavaliere sind die Kälber,
Und sie wandeln stolzgespreizt.

Hofschauspieler sind die Böcklein;
Und die Vögel und die Küh,
Mit den Flöten, mit den Glöcklein,
Sind sie Kammermusizi.

Und das klingt und singt so lieblich,
Und so lieblich rauschen drein
Wasserfall und Tannenbäume,
Und der König schlummert ein.

Unterdessen muß regieren
Der Minister, jener Hund,
Dessen knurriges Gebelle
Widerhallet in der Rund.

Schläfrig lallt der junge König:
»Das Regieren ist so schwer,
Ach, ich wollt, daß ich zu Hause
Schon bei meiner Kön'gin wär!

In den Armen meiner Kön'gin
Ruht mein Königshaupt so weich,
Und in ihren schönen Augen
Liegt mein unermeßlich Reich!«

Auf dem Brocken

Heller wird es schon im Osten
Durch der Sonne kleines Glimmen,
Weit und breit die Bergesgipfel,
In dem Nebelmeere schwimmen.

Hätt ich Siebenmeilenstiefel,
Lief ich, mit der Hast des Windes,
Über jene Bergesgipfel,
Nach dem Haus des lieben Kindes.

Von dem Bettchen, wo sie schlummert,
Zög ich leise die Gardinen,
Leise küßt ich ihre Stirne,
Leise ihres Munds Rubinen.

Und noch leiser wollt ich flüstern
In die kleinen Lilienohren:
»Denk im Traum, daß wir uns lieben,
Und daß wir uns nie verloren.«

Die Ilse

Ich bin die Prinzessin Ilse,
Und wohne im Ilsenstein;
Komm mit nach meinem Schlosse,
Wir wollen selig sein.

Dein Haupt will ich benetzen
Mit meiner klaren Well,
Du sollst deine Schmerzen vergessen,
Du sorgenkranker Gesell!

In meinen weißen Armen,
An meiner weißen Brust,
Da sollst du liegen und träumen
Von alter Märchenlust.

Ich will dich küssen und herzen,
Wie ich geherzt und geküßt
Den lieben Kaiser Heinrich,
Der nun gestorben ist.

Es bleiben tot die Toten,
Und nur der Lebendige lebt;
Und ich bin schön und blühend,
Mein lachendes Herze bebt.

Komm in mein Schloß herunter,
In mein kristallenes Schloß,
Dort tanzen die Fräulein und Ritter,
Es jubelt der Knappentroß.

Es rauschen die seidenen Schleppen,
Es klirren die Eisenspor'n,
Die Zwerge trompeten und pauken,
Und fiedeln und blasen das Horn.

Doch dich soll mein Arm umschlingen,
Wie er Kaiser Heinrich umschlang; –
Ich hielt ihm zu die Ohren,
Wenn die Trompet erklang.

Die Nordsee

1825–1826

Erster Zyklus

I
Krönung

Ihr Lieder! Ihr meine guten Lieder!
Auf, auf! und wappnet euch!
Laßt die Trompeten klingen,
Und hebt mir auf den Schild
Dies junge Mädchen,
Das jetzt mein ganzes Herz
Beherrschen soll, als Königin.

Heil dir! du junge Königin!

Von der Sonne droben
Reiß ich das strahlend rote Gold,
Und webe draus ein Diadem
Für dein geweihtes Haupt.
Von der flatternd blauseidnen Himmelsdecke,
Worin die Nachtdiamanten blitzen,
Schneid ich ein kostbar Stück,
Und häng es dir, als Krönungsmantel,
Um deine königliche Schulter.
Ich gebe dir einen Hofstaat
Von steifgeputzten Sonetten,
Stolzen Terzinen und höflichen Stanzen;
Als Läufer diene dir mein Witz,
Als Hofnarr meine Phantasie,
Als Herold, die lachende Träne im Wappen,
Diene dir mein Humor.
Aber ich selber, Königin,
Ich kniee vor dir nieder,
Und huld'gend, auf rotem Sammetkissen,

Überreiche ich dir
Das bißchen Verstand,
Das mir aus Mitleid noch gelassen hat
Deine Vorgängerin im Reich.

II
Abenddämmerung

Am blassen Meeresstrande
Saß ich gedankenbekümmert und einsam.
Die Sonne neigte sich tiefer, und warf
Glührote Streifen auf das Wasser,
Und die weißen, weiten Wellen,
Von der Flut gedrängt,
Schäumten und rauschten näher und näher –
Ein seltsam Geräusch, ein Flüstern und Pfeifen,
Ein Lachen und Murmeln, Seufzen und Sausen,
Dazwischen ein wiegenliedheimliches Singen –
Mir war als hört ich verschollne Sagen,
Uralte, liebliche Märchen,
Die ich einst, als Knabe,
Von Nachbarskindern vernahm,
Wenn wir am Sommerabend,
Auf den Treppensteinen der Haustür,
Zum stillen Erzählen niederkauerten,
Mit kleinen, horchenden Herzen
Und neugierklugen Augen; –
Während die großen Mädchen,
Neben duftenden Blumentöpfen,
Gegenüber am Fenster saßen,
Rosengesichter,
Lächelnd und mondbeglänzt.

III
Sonnenuntergang

Die glühend rote Sonne steigt
Hinab ins weitaufschauernde,
Silbergraue Weltenmeer;

Luftgebilde, rosig angehaucht,
Wallen ihr nach; und gegenüber,
Aus herbstlich dämmernden Wolkenschleiern,
Ein traurig todblasses Antlitz,
Bricht hervor der Mond,
Und hinter ihm, Lichtfünkchen,
Nebelweit, schimmern die Sterne.

Einst am Himmel glänzten,
Ehlich vereint,
Luna, die Göttin, und Sol, der Gott,
Und es wimmelten um sie her die Sterne,
Die kleinen, unschuldigen Kinder.

Doch böse Zungen zischelten Zwiespalt,
Und es trennte sich feindlich
Das hohe, leuchtende Ehpaar.

Jetzt am Tage, in einsamer Pracht,
Ergeht sich dort oben der Sonnengott,
Ob seiner Herrlichkeit
Angebetet und vielbesungen
Von stolzen, glückgehärteten Menschen.
Aber des Nachts,
Am Himmel, wandelt Luna,
Die arme Mutter
Mit ihren verwaisten Sternenkindern,
Und sie glänzt in stiller Wehmut,
Und liebende Mädchen und sanfte Dichter
Weihen ihr Tränen und Lieder.

Die weiche Luna! Weiblich gesinnt,
Liebt sie noch immer den schönen Gemahl.
Gegen Abend, zitternd und bleich,
Lauscht sie hervor aus leichtem Gewölk,
Und schaut nach dem Scheidenden, schmerzlich,
Und möchte ihm ängstlich rufen: »Komm!
Komm! die Kinder verlangen nach dir –«
Aber der trotzige Sonnengott,

Bei dem Anblick der Gattin erglüht er
In doppeltem Purpur,
Vor Zorn und Schmerz,
Und unerbittlich eilt er hinab
In sein flutenkaltes Witwerbett.

Böse, zischelnde Zungen
Brachten also Schmerz und Verderben
Selbst über ewige Götter.
Und die armen Götter, oben am Himmel
Wandeln sie, qualvoll,
Trostlos unendliche Bahnen,
Und können nicht sterben,
Und schleppen mit sich
Ihr strahlendes Elend.

Ich aber, der Mensch,
Der niedriggepflanzte, der Tod-beglückte,
Ich klage nicht länger.

IV

Die Nacht am Strande

Sternlos und kalt ist die Nacht,
Es gärt das Meer;
Und über dem Meer, platt auf dem Bauch,
Liegt der ungestaltete Nordwind,
Und heimlich, mit ächzend gedämpfter Stimme,
Wie 'n störriger Griesgram, der gutgelaunt wird,
Schwatzt er ins Wasser hinein,
Und erzählt viel tolle Geschichten,
Riesenmärchen, totschlaglaunig,
Uralte Sagen aus Norweg,
Und dazwischen, weitschallend, lacht er und heult er
Beschwörungslieder der Edda,
Auch Runensprüche,
So dunkeltrotzig und zaubergewaltig,
Daß die weißen Meerkinder
Hoch aufspringen und jauchzen,
Übermutberauscht.

Derweilen, am flachen Gestade,
Über den flutbefeuchteten Sand,
Schreitet ein Fremdling, mit einem Herzen,
Das wilder noch als Wind und Wellen.
Wo er hintritt,
Sprühen Funken und knistern die Muscheln;
Und er hüllt sich fest in den grauen Mantel,
Und schreitet rasch durch die wehende Nacht;
Sicher geleitet vom kleinen Lichte,
Das lockend und lieblich schimmert
Aus einsamer Fischerhütte.

Vater und Bruder sind auf der See,
Und mutterseelallein blieb dort
In der Hütte die Fischertochter,
Die wunderschöne Fischertochter.
Am Herde sitzt sie,
Und horcht auf des Wasserkessels
Ahnungssüßes, heimliches Summen,
Und schüttet knisterndes Reisig ins Feuer,
Und bläst hinein,
Daß die flackernd roten Lichter
Zauberlieblich widerstrahlen
Auf das blühende Antlitz,
Auf die zarte, weiße Schulter,
Die rührend hervorlauscht
Aus dem groben, grauen Hemde,
Und auf die kleine, sorgsame Hand,
Die das Unterröckchen fester bindet
Um die feine Hüfte.

Aber plötzlich, die Tür springt auf,
Und es tritt herein der nächtige Fremdling;
Liebesicher ruht sein Auge
Auf dem weißen, schlanken Mädchen,
Das schauernd vor ihm steht,
Gleich einer erschrockenen Lilie;
Und er wirft den Mantel zur Erde,
Und lacht und spricht:
»Siehst du, mein Kind, ich halte Wort,

Und ich komme, und mit mir kommt
Die alte Zeit, wo die Götter des Himmels
Niederstiegen zu Töchtern der Menschen,
Und die Töchter der Menschen umarmten,
Und mit ihnen zeugten
Zeptertragende Königsgeschlechter
Und Helden, Wunder der Welt.
Doch staune, mein Kind, nicht länger
Ob meiner Göttlichkeit,
Und ich bitte dich, koche mir Tee mit Rum,
Denn draußen war's kalt,
Und bei solcher Nachtluft
Frieren auch wir, wir ewigen Götter,
Und kriegen wir leicht den göttlichsten Schnupfen,
Und einen unsterblichen Husten.«

V

Poseidon

Die Sonnenlichter spielten
Über das weithinrollende Meer;
Fern auf der Reede glänzte das Schiff,
Das mich zur Heimat tragen sollte;
Aber es fehlte an gutem Fahrwind,
Und ich saß noch ruhig auf weißer Düne,
Am einsamen Strand,
Und ich las das Lied vom Odysseus,
Das alte, das ewig junge Lied,
Aus dessen meerdurchrauschten Blättern
Mir freudig entgegenstieg
Der Atem der Götter,
Und der leuchtende Menschenfrühling,
Und der blühende Himmel von Hellas.

Mein edles Herz begleitete treulich
Den Sohn des Laertes, in Irrfahrt und Drangsal,
Setzte sich mit ihm, seelenbekümmert,
An gastliche Herde,
Wo Königinnen Purpur spinnen,
Und half ihm lügen und glücklich entrinnen

Aus Riesenhöhlen und Nymphenarmen,
Folgte ihm nach in kimmerische Nacht,
Und in Sturm und Schiffbruch,
Und duldete mit ihm unsägliches Elend.

Seufzend sprach ich: »Du böser Poseidon,
Dein Zorn ist furchtbar,
Und mir selber bangt
Ob der eignen Heimkehr.«

Kaum sprach ich die Worte,
Da schäumte das Meer,
Und aus den weißen Wellen stieg
Das schilfbekränzte Haupt des Meergotts,
Und höhnisch rief er:

»Fürchte dich nicht, Poetlein!
Ich will nicht im gringsten gefährden
Dein armes Schiffchen,
Und nicht dein liebes Leben beängst'gen
Mit allzu bedenklichem Schaukeln.
Denn du, Poetlein, hast nie mich erzürnt,
Du hast kein einziges Türmchen verletzt
An Priamos' heiliger Feste,
Kein einziges Härchen hast du versengt
Am Aug meines Sohns Polyphemos,
Und dich hat niemals ratend beschützt
Die Göttin der Klugheit, Pallas Athene.«

Also rief Poseidon
Und tauchte zurück ins Meer;
Und über den groben Seemannswitz,
Lachten unter dem Wasser
Amphitrite, das plumpe Fischweib,
Und die dummen Töchter des Nereus.

VI
Erklärung

Herangedämmert kam der Abend,
Wilder toste die Flut,

Und ich saß am Strand, und schaute zu
Dem weißen Tanz der Wellen,
Und meine Brust schwoll auf wie das Meer,
Und sehnend ergriff mich ein tiefes Heimweh
Nach dir, du holdes Bild,
Das überall mich umschwebt,
Und überall mich ruft,
Überall, überall,
Im Sausen des Windes, im Brausen des Meers,
Und im Seufzen der eigenen Brust.

Mit leichtem Rohr schrieb ich in den Sand:
»Agnes, ich liebe dich!«
Doch böse Wellen ergossen sich
Über das süße Bekenntnis,
Und löschten es aus.

Zerbrechliches Rohr, zerstiebender Sand,
Zerfließende Wellen, euch trau ich nicht mehr!
Der Himmel wird dunkler, mein Herz wird wilder,
Und mit starker Hand, aus Norwegs Wäldern,
Reiß ich die höchste Tanne,
Und tauche sie ein
In des Ätnas glühenden Schlund, und mit solcher
Feuergetränkten Riesenfeder
Schreib ich an die dunkle Himmelsdecke:
»Agnes, ich liebe dich!«

Jedwede Nacht lodert alsdann
Dort oben die ewige Flammenschrift,
Und alle nachwachsende Enkelgeschlechter
Lesen jauchzend die Himmelsworte:
»Agnes, ich liebe dich!«

VII

Nachts in der Kajüte

Das Meer hat seine Perlen,
Der Himmel hat seine Sterne,

Aber mein Herz, mein Herz,
Mein Herz hat seine Liebe.

Groß ist das Meer und der Himmel,
Doch größer ist mein Herz,
Und schöner als Perlen und Sterne
Leuchtet und strahlt meine Liebe.

Du kleines, junges Mädchen,
Komm an mein großes Herz;
Mein Herz und das Meer und der Himmel
Vergehn vor lauter Liebe.

An die blaue Himmelsdecke,
Wo die schönen Sterne blinken,
Möcht ich pressen meine Lippen,
Pressen wild und stürmisch weinen.

Jene Sterne sind die Augen
Meiner Liebsten, tausendfältig
Schimmern sie und grüßen freundlich,
Aus der blauen Himmelsdecke.

Nach der blauen Himmelsdecke,
Nach den Augen der Geliebten,
Heb ich andachtsvoll die Arme,
Und ich bitte und ich flehe:

Holde Augen, Gnadenlichter,
Oh, beseligt meine Seele,
Laßt mich sterben und erwerben
Euch und euren ganzen Himmel!

Aus den Himmelsaugen droben,
Fallen zitternd goldne Funken
Durch die Nacht, und meine Seele
Dehnt sich liebeweit und weiter.

Oh, ihr Himmelsaugen droben!
Weint euch aus in meine Seele,
Daß von lichten Sternentränen
Überfließet meine Seele.

Eingewiegt von Meereswellen
Und von träumenden Gedanken,
Lieg ich still in der Kajüte,
In dem dunkeln Winkelbette.

Durch die offne Luke schau ich
Droben hoch die hellen Sterne,
Die geliebten, süßen Augen
Meiner süßen Vielgeliebten.

Die geliebten, süßen Augen
Wachen über meinem Haupte,
Und sie blinken und sie winken
Aus der blauen Himmelsdecke.

Nach der blauen Himmelsdecke
Schau ich selig lange Stunden,
Bis ein weißer Nebelschleier
Mir verhüllt die lieben Augen.

An die bretterne Schiffswand,
Wo mein träumendes Haupt liegt,
Branden die Wellen, die wilden Wellen.
Sie rauschen und murmeln
Mir heimlich ins Ohr:
»Betörter Geselle!
Dein Arm ist kurz, und der Himmel ist weit,
Und die Sterne droben sind festgenagelt,
Mit goldnen Nägeln –
Vergebliches Sehnen, vergebliches Seufzen,
Das beste wäre, du schliefest ein.«

Es träumte mir von einer weiten Heide,
Weit überdeckt von stillem, weißem Schnee,
Und unterm weißen Schnee lag ich begraben
Und schlief den einsam kalten Todesschlaf.

Doch droben aus dem dunkeln Himmel schauten
Herunter auf mein Grab die Sternenaugen,

Die süßen Augen! und sie glänzten sieghaft
Und ruhig heiter, aber voller Liebe.

VIII
Sturm

Es wütet der Sturm,
Und er peitscht die Wellen,
Und die Welln, wutschäumend und bäumend,
Türmen sich auf, und es wogen lebendig
Die weißen Wasserberge,
Und das Schifflein erklimmt sie,
Hastig mühsam,
Und plötzlich stürzt es hinab
In schwarze, weitgähnende Flutabgründe –

O Meer!
Mutter der Schönheit, der Schaumentstiegenen!
Großmutter der Liebe! schone meiner!
Schon flattert, leichenwitternd,
Die weiße, gespenstige Möwe,
Und wetzt an dem Mastbaum den Schnabel,
Und lechzt, voll Fraßbegier, nach dem Herzen,
Das vom Ruhm deiner Tochter ertönt,
Und das dein Enkel, der kleine Schalk,
Zum Spielzeug erwählt.

Vergebens mein Bitten und Flehn!
Mein Rufen verhallt im tosenden Sturm,
Im Schlachtlärm der Winde.
Es braust und pfeift und prasselt und heult,
Wie ein Tollhaus von Tönen!
Und zwischendurch hör ich vernehmbar
Lockende Harfenlaute,
Sehnsuchtwilden Gesang,
Seelenschmelzend und seelenzerreißend,
Und ich erkenne die Stimme.

Fern an schottischer Felsenküste,
Wo das graue Schlößlein hinausragt

Über die brandende See,
Dort, am hochgewölbten Fenster,
Steht eine schöne, kranke Frau,
Zartdurchsichtig und marmorblaß,
Und sie spielt die Harfe und singt,
Und der Wind durchwühlt ihre langen Locken,
Und trägt ihr dunkles Lied
Über das weite stürmende Meer.

IX
Meeresstille

Meeresstille! Ihre Strahlen
Wirft die Sonne auf das Wasser,
Und im wogenden Geschmeide
Zieht das Schiff die grünen Furchen.

Bei dem Steuer liegt der Bootsmann
Auf dem Bauch, und schnarchet leise.
Bei dem Mastbaum, segelflickend,
Kauert der beteerte Schiffsjung.

Hinterm Schmutze seiner Wangen
Sprüht es rot, wehmütig zuckt es
Um das breite Maul, und schmerzlich
Schaun die großen, schönen Augen.

Denn der Kapitän steht vor ihm,
Tobt und flucht und schilt ihn: Spitzbub.
»Spitzbub! einen Hering hast du
Aus der Tonne mir gestohlen!«

Meeresstille! Aus den Wellen
Taucht hervor ein kluges Fischlein,
Wärmt das Köpfchen in der Sonne,
Plätschert lustig mit dem Schwänzchen.

Doch die Möwe, aus den Lüften,
Schießt herunter auf das Fischlein,

Und den raschen Raub im Schnabel
Schwingt sie sich hinauf ins Blaue.

X
Seegespenst

Ich aber lag am Rande des Schiffes,
Und schaute, träumenden Auges,
Hinab in das spiegelklare Wasser,
Und schaute tiefer und tiefer –
Bis tief, im Meeresgrunde,
Anfangs wie dämmernde Nebel,
Jedoch allmählich farbenbestimmter,
Kirchenkuppel und Türme sich zeigten,
Und endlich, sonnenklar, eine ganze Stadt,
Altertümlich niederländisch,
Und menschenbelebt.
Bedächtige Männer, schwarzbemäntelt,
Mit weißen Halskrausen und Ehrenketten
Und langen Degen und langen Gesichtern,
Schreiten über den wimmelnden Marktplatz,
Nach dem treppenhohen Rathaus,
Wo steinerne Kaiserbilder
Wacht halten mit Zepter und Schwert.
Unferne, vor langen Häuserreihn,
Wo spiegelblanke Fenster
Und pyramidisch beschnittene Linden,
Wandeln seidenrauschende Jungfern,
Schlanke Leibchen, die Blumengesichter
Sittsam umschlossen von schwarzen Mützchen
Und hervorquellendem Goldhaar.
Bunte Gesellen, in spanischer Tracht,
Stolzieren vorüber und nicken.
Bejahrte Frauen,
In braunen, verschollnen Gewändern,
Gesangbuch und Rosenkranz in der Hand,
Eilen, trippelnden Schritts,
Nach dem großen Dome,
Getrieben von Glockengeläute
Und rauschendem Orgelton.

Mich selbst ergreift des fernen Klangs
Geheimnisvoller Schauer!
Unendliches Sehnen, tiefe Wehmut,
Beschleicht mein Herz,
Mein kaum geheiltes Herz; –
Mir ist als würden seine Wunden
Von lieben Lippen aufgeküßt,
Und täten wieder bluten –
Heiße, rote Tropfen,
Die lang und langsam niederfalln
Auf ein altes Haus, dort unten
In der tiefen Meerstadt,
Auf ein altes, hochgegiebeltes Haus,
Das melancholisch menschenleer ist,
Nur daß am untern Fenster
Ein Mädchen sitzt,
Den Kopf auf den Arm gestützt,
Wie ein armes, vergessenes Kind –
Und ich kenne dich armes, vergessenes Kind!

So tief, meertief also
Verstecktest du dich vor mir,
Aus kindischer Laune,
Und konntest nicht mehr herauf,
Und saßest fremd unter fremden Leuten,
Jahrhundertelang,
Derweilen ich, die Seele voll Gram,
Auf der ganzen Erde dich suchte,
Und immer dich suchte,
Du Immergeliebte,
Du Längstverlorene,
Du Endlichgefundene.–
Ich hab dich gefunden und schaue wieder
Dein süßes Gesicht,
Die klugen, treuen Augen,
Das liebe Lächeln –
Und nimmer will ich dich wieder verlassen,
Und ich komme hinab zu dir,
Und mit ausgebreiteten Armen
Stürz ich hinab an dein Herz –

Aber zur rechten Zeit noch
Ergriff mich beim Fuß der Kapitän,
Und zog mich vom Schiffsrand,
Und rief, ärgerlich lachend:
»Doktor, sind Sie des Teufels?«

XI
Reinigung

Bleib du in deiner Meerestiefe,
Wahnsinniger Traum,
Der du einst so manche Nacht
Mein Herz mit falschem Glück gequält hast,
Und jetzt, als Seegespenst,
Sogar am hellen Tag mich bedrohest –
Bleib du dort unten, in Ewigkeit,
Und ich werfe noch zu dir hinab
All meine Schmerzen und Sünden,
Und die Schellenkappe der Torheit,
Die so lange mein Haupt umklingelt,
Und die kalte, gleißende Schlangenhaut
Der Heuchelei,
Die mir so lang die Seele umwunden,
Die kranke Seele,
Die gottverleugnende, engelverleugnende,
Unselige Seele –
Hoiho! hoiho! Da kommt der Wind!
Die Segel auf! Sie flattern und schwelln!
Über die stillverderbliche Fläche
Eilet das Schiff,
Und es jauchzt die befreite Seele.

XII
Frieden

Hoch am Himmel stand die Sonne,
Von weißen Wolken umwogt,
Das Meer war still,

Und sinnend lag ich am Steuer des Schiffes,
Träumerisch sinnend – und halb im Wachen
Und halb im Schlummer, schaute ich Christus,
Den Heiland der Welt;
Im wallend weißen Gewande
Wandelt' er riesengroß
Über Land und Meer;
Es ragte sein Haupt in den Himmel,
Die Hände streckte er segnend
Über Land und Meer;
Und als ein Herz in der Brust
Trug er die Sonne,
Die rote, flammende Sonne,
Und das rote, flammende Sonnenherz
Goß seine Gnadenstrahlen
Und sein holdes, liebseliges Licht,
Erleuchtend und wärmend,
Über Land und Meer.

Glockenklänge zogen feierlich
Hin und her, zogen wie Schwäne,
An Rosenbändern, das gleitende Schiff,
Und zogen es spielend ans grüne Ufer,
Wo Menschen wohnen, in hochgetürmter,
Ragender Stadt.

O Friedenswunder! Wie still die Stadt!
Es ruhte das dumpfe Geräusch
Der schwatzenden, schwülen Gewerbe,
Und durch die reinen, hallenden Straßen,
Wandelten Menschen, weißgekleidete,
Palmzweigtragende,
Und wo sich zwei begegneten,
Sahn sie sich an, verständnisinnig,
Und schauernd, in Liebe und süßer Entsagung,
Küßten sie sich auf die Stirne,
Und schauten hinauf
Nach des Heilands Sonnenherzen,
Das freudig versöhnend sein rotes Blut
Hinunterstrahlte,

Und dreimalselig sprachen sie:
»Gelobt sei Jesu Christ!«

Zweiter Zyklus

I

Meergruß

Thalatta! Thalatta!
Sei mir gegrüßt, du ewiges Meer!
Sei mir gegrüßt zehntausendmal,
Aus jauchzendem Herzen,
Wie einst dich begrüßten
Zehntausend Griechenherzen,
Unglückbekämpfende, heimatverlangende,
Weltberühmte Griechenherzen.

Es wogten die Fluten,
Sie wogten und brausten,
Die Sonne goß eilig herunter
Die spielenden Rosenlichter,
Die aufgescheuchten Möwenzüge
Flatterten fort, lautschreiend,
Es stampften die Rosse, es klirrten die Schilde,
Und weithin erscholl es, wie Siegesruf:
»Thalatta! Thalatta!«

Sei mir gegrüßt, du ewiges Meer!
Wie Sprache der Heimat rauscht mir dein Wasser,
Wie Träume der Kindheit seh ich es flimmern
Auf deinem wogenden Wellengebiet,
Und alte Erinnrung erzählt mir aufs neue
Von all dem lieben, herrlichen Spielzeug,
Von all den blinkenden Weihnachtsgaben,
Von all den roten Korallenbäumen,
Goldfischchen, Perlen und bunten Muscheln,
Die du geheimnisvoll bewahrst,
Dort unten im klaren Kristallhaus.

Oh! wie hab ich geschmachtet in öder Fremde!
Gleich einer welken Blume
In des Botanikers blecherner Kapsel,
Lag mir das Herz in der Brust.
Mir ist, als saß ich winterlange,
Ein Kranker, in dunkler Krankenstube,
Und nun verlaß ich sie plötzlich,
Und blendend strahlt mir entgegen
Der schmaragdene Frühling, der sonnengeweckte,
Und es rauschen die weißen Blütenbäume,
Und die jungen Blumen schauen mich an,
Mit bunten, duftenden Augen,
Und es duftet und summt, und atmet und lacht,
Und im blauen Himmel singen die Vöglein –
Thalatta! Thalatta!

Du tapferes Rückzugherz!
Wie oft, wie bitteroft
Bedrängten dich des Nordens Barbarinnen!
Aus großen, siegenden Augen
Schossen sie brennende Pfeile;
Mit krummgeschliffenen Worten
Drohten sie mir die Brust zu spalten;
Mit Keilschriftbilletts zerschlugen sie mir
Das arme, betäubte Gehirn –
Vergebens hielt ich den Schild entgegen,
Die Pfeile zischten, die Hiebe krachten,
Und von des Nordens Barbarinnen
Ward ich gedrängt bis ans Meer,
Und frei aufatmend begrüß ich das Meer,
Das liebe, rettende Meer –
Thalatta! Thalatta!

II
Gewitter

Dumpf liegt auf dem Meer das Gewitter,
Und durch die schwarze Wolkenwand
Zuckt der zackige Wetterstrahl,

Rasch aufleuchtend und rasch verschwindend,
Wie ein Witz aus dem Haupte Kronions.
Über das wüste, wogende Wasser
Weithin rollen die Donner
Und springen die weißen Wellenrosse,
Die Boreas selber gezeugt
Mit des Erichthons reizenden Stuten,
Und es flattert ängstlich das Seegevögel,
Wie Schattenleichen am Styx,
Die Charon abwies vom nächtlichen Kahn.

Armes, lustiges Schifflein,
Das dort dahintanzt den schlimmsten Tanz!
Äolus schickt ihm die flinksten Gesellen,
Die wild aufspielen zum fröhlichen Reigen;
Der eine pfeift, der andre bläst,
Der dritte streicht den dumpfen Brummbaß –
Und der schwankende Seemann steht am Steuer,
Und schaut beständig nach der Bussole,
Der zitternden Seele des Schiffes,
Und hebt die Hände flehend zum Himmel:
O rette mich, Kastor, reisiger Held,
Und du, Kämpfer der Faust, Polydeukes!

III
Der Schiffbrüchige

Hoffnung und Liebe! Alles zertrümmert!
Und ich selber, gleich einer Leiche,
Die grollend ausgeworfen das Meer,
Lieg ich am Strande,
Am öden, kahlen Strande.
Vor mir woget die Wasserwüste,
Hinter mir liegt nur Kummer und Elend,
Und über mich hin ziehen die Wolken,
Die formlos grauen Töchter der Luft,
Die aus dem Meer, in Nebeleimern,
Das Wasser schöpfen,
Und es mühsam schleppen und schleppen,

Und es wieder verschütten ins Meer,
Ein trübes, langweil'ges Geschäft,
Und nutzlos, wie mein eignes Leben.

Die Wogen murmeln, die Möwen schrillen,
Alte Erinnrungen wehen mich an,
Vergessene Träume, erloschene Bilder,
Qualvoll süße, tauchen hervor!
Es lebt ein Weib im Norden,
Ein schönes Weib, königlich schön.
Die schlanke Zypressengestalt
Umschließt ein lüstern weißes Gewand;
Die dunkle Lockenfülle,
Wie eine selige Nacht,
Von dem flechtengekrönten Haupt sich ergießend,
Ringelt sich träumerisch süß
Um das süße, blasse Antlitz;
Und aus dem süßen, blassen Antlitz,
Groß und gewaltig, strahlt ein Auge,
Wie eine schwarze Sonne.

Oh, du schwarze Sonne, wie oft,
Entzückend oft, trank ich aus dir
Die wilden Begeistrungsflammen,
Und stand und taumelte, feuerberauscht –
Dann schwebte ein taubenmildes Lächeln
Um die hochgeschürzten, stolzen Lippen,
Und die hochgeschürzten, stolzen Lippen
Hauchten Worte, süß wie Mondlicht,
Und zart wie der Duft der Rose –
Und meine Seele erhob sich
Und flog, wie ein Aar, hinauf in den Himmel!

Schweigt, ihr Wogen und Möwen!
Vorüber ist alles, Glück und Hoffnung,
Hoffnung und Liebe! Ich liege am Boden,
Ein öder, schiffbrüchiger Mann,
Und drücke mein glühendes Antlitz
In den feuchten Sand.

IV
Untergang der Sonne

Die schöne Sonne
Ist ruhig hinabgestiegen ins Meer;
Die wogenden Wasser sind schon gefärbt
Von der dunkeln Nacht,
Nur noch die Abendröte
Überstreut sie mit goldnen Lichtern;
Und die rauschende Flutgewalt
Drängt ans Ufer die weißen Wellen,
Die lustig und hastig hüpfen,
Wie wollige Lämmerherden,
Die abends der singende Hirtenjunge
Nach Hause treibt.

»Wie schön ist die Sonne!«
So sprach nach langem Schweigen der Freund,
Der mit mir am Strande wandelte,
Und scherzend halb und halb wehmütig,
Versichert' er mir: die Sonne sei
Eine schöne Frau, die den alten Meergott
Aus Konvenienz geheiratet;
Des Tages über wandle sie freudig
Am hohen Himmel, purpurgeputzt,
Und diamantenblitzend,
Und allgeliebt und allbewundert
Von allen Weltkreaturen,
Und alle Weltkreaturen erfreuend
Mit ihres Blickes Licht und Wärme;
Aber des Abends, trostlos gezwungen,
Kehre sie wieder zurück
In das nasse Haus, in die öden Arme
Des greisen Gemahls.

»Glaub mir's« – setzte hinzu der Freund,
Und lachte und seufzte und lachte wieder –
»Die führen dort unten die zärtlichste Ehe!
Entweder sie schlafen oder sie zanken sich,

Daß hoch aufbraust hier oben das Meer,
Und der Schiffer im Wellengeräusch es hört
Wie der Alte sein Weib ausschilt:
›Runde Metze des Weltalls!
Strahlenbuhlende!
Den ganzen Tag glühst du für andre,
Und nachts, für mich, bist du frostig und müde!‹
Nach solcher Gardinenpredigt,
Versteht sich! bricht dann aus in Tränen
Die stolze Sonne und klagt ihr Elend,
Und klagt so jammerlang, daß der Meergott
Plötzlich verzweiflungsvoll aus dem Bett springt,
Und schnell nach der Meeresfläche heraufschwimmt,
Um Luft und Besinnung zu schöpfen.

So sah ich ihn selbst, verflossene Nacht,
Bis an die Brust dem Meer enttauchen.
Er trug eine Jacke von gelbem Flanell,
Und eine lilienweiße Schlafmütz,
Und ein abgewelktes Gesicht.«

V

Der Gesang der Okeaniden

Abendlich blasser wird es am Meer,
Und einsam, mit seiner einsamen Seele,
Sitzt dort ein Mann auf dem kahlen Strand,
Und schaut, todkalten Blickes, hinauf
Nach der weiten, todkalten Himmelswölbung,
Und schaut auf das weite, wogende Meer –
Und über das weite, wogende Meer,
Lüftesegler, ziehn seine Seufzer,
Und kehren zurück, trübselig,
Und hatten verschlossen gefunden das Herz,
Worin sie ankern wollten –
Und er stöhnt so laut, daß die weißen Möwen,
Aufgescheucht aus den sandigen Nestern,
Ihn herdenweis umflattern,
Und er spricht zu ihnen die lachenden Worte:

»Schwarzbeinigte Vögel,
Mit weißen Flügeln Meer-überflatternde,
Mit krummen Schnäbeln Seewasser-saufende,
Und tranigtes Robbenfleisch-fressende,
Eur Leben ist bitter wie eure Nahrung!
Ich aber, der Glückliche, koste nur Süßes!
Ich koste den süßen Duft der Rose,
Der Mondschein-gefütterten Nachtigallbraut;
Ich koste noch süßeres Zuckerbackwerk,
Gefüllt mit geschlagener Sahne;
Und das Allersüßeste kost ich,
Süße Liebe und süßes Geliebtsein.

Sie liebt mich! Sie liebt mich! die holde Jungfrau!
Jetzt steht sie daheim, am Erker des Hauses,
Und schaut in die Dämmrung hinaus, auf die Landstraß,
Und horcht, und sehnt sich nach mir – wahrhaftig!
Vergebens späht sie umher und sie seufzet,
Und seufzend steigt sie hinab in den Garten,
Und wandelt in Duft und Mondschein,
Und spricht mit den Blumen, erzählet ihnen,
Wie ich, der Geliebte, so lieblich bin
Und so liebenswürdig – wahrhaftig!
Nachher im Bette, im Schlafe, im Traum,
Umgaukelt sie selig mein teures Bild,
Sogar des Morgens, beim Frühstück,
Auf dem glänzenden Butterbrote,
Sieht sie mein lächelndes Antlitz,
Und sie frißt es auf vor Liebe – wahrhaftig!«

Also prahlt er und prahlt er,
Und zwischendrein schrillen die Möwen,
Wie kaltes, ironisches Kichern.
Die Dämmrungsnebel steigen herauf;
Aus violettem Gewölk, unheimlich,
Schaut hervor der grasgelbe Mond;
Hoch aufrauschen die Meereswogen,
Und tief aus hochaufrauschendem Meer,
Wehmütig wie flüsternder Windzug,

Tönt der Gesang der Okeaniden,
Der schönen, mitleidigen Wasserfraun,
Vor allen vernehmbar die liebliche Stimme
Der silberfüßigen Peleus-Gattin,
Und sie seufzen und singen:

»O Tor, du Tor, du prahlender Tor!
Du kummergequälter!
Dahingemordet sind all deine Hoffnungen,
Die tändelnden Kinder des Herzens,
Und ach! dein Herz, Nioben gleich,
Versteinert vor Gram!
In deinem Haupte wird's Nacht,
Und es zucken hindurch die Blitze des Wahnsinns,
Und du prahlst vor Schmerzen!
O Tor, du Tor, du prahlender Tor!
Halsstarrig bist du wie dein Ahnherr,
Der hohe Titane, der himmlisches Feuer
Den Göttern stahl und den Menschen gab,
Und Geier-gequälet, Felsen-gefesselt,
Olympauftrotzte und trotzte und stöhnte,
Daß wir es hörten im tiefen Meer,
Und zu ihm kamen mit Trostgesang.
O Tor, du Tor, du prahlender Tor!
Du aber bist ohnmächtiger noch,
Und es wäre vernünftig, du ehrtest die Götter,
Und trügest geduldig die Last des Elends,
Und trügest geduldig so lange, so lange,
Bis Atlas selbst die Geduld verliert,
Und die schwere Welt von den Schultern abwirft
In die ewige Nacht.«

So scholl der Gesang der Okeaniden,
Der schönen mitleidigen Wasserfraun,
Bis lautere Wogen ihn überrauschten –
Hinter die Wolken zog sich der Mond,
Es gähnte die Nacht,
Und ich saß noch lange im Dunkeln und weinte.

VI

Die Götter Griechenlands

Vollblühender Mond! In deinem Licht,
Wie fließendes Gold, erglänzt das Meer;
Wie Tagesklarheit, doch dämmrig verzaubert,
Liegt's über der weiten Strandesfläche;
Und am hellblaun, sternlosen Himmel
Schweben die weißen Wolken,
Wie kolossale Götterbilder
Von leuchtendem Marmor.

Nein, nimmermehr, das sind keine Wolken!
Das sind sie selber, die Götter von Hellas,
Die einst so freudig die Welt beherrschten,
Doch jetzt, verdrängt und verstorben,
Als ungeheure Gespenster dahinziehn
Am mitternächtlichen Himmel.

Staunend, und seltsam geblendet, betracht ich
Das luftige Pantheon,
Die feierlich stummen, graunhaft bewegten
Riesengestalten.
Der dort ist Kronion, der Himmelskönig,
Schneeweiß sind die Locken des Haupts,
Die berühmten, olymposerschütternden Locken.
Er hält in der Hand den erloschenen Blitz,
In seinem Antlitz liegt Unglück und Gram,
Und doch noch immer der alte Stolz.
Das waren bessere Zeiten, o Zeus,
Als du dich himmlisch ergötztest
An Knaben und Nymphen und Hekatomben;
Doch auch die Götter regieren nicht ewig,
Die jungen verdrängen die alten,
Wie du einst selber den greisen Vater
Und deine Titanen-Öhme verdrängt hast,
Jupiter Parricida!
Auch dich erkenn ich, stolze Juno!
Trotz all deiner eifersüchtigen Angst,

Hat doch eine andre das Zepter gewonnen,
Und du bist nicht mehr die Himmelskön'gin,
Und dein großes Aug ist erstarrt,
Und deine Lilienarme sind kraftlos,
Und nimmermehr trifft deine Rache
Die gottbefruchtete Jungfrau
Und den wundertätigen Gottessohn.
Auch dich erkenn ich, Pallas Athene!
Mit Schild und Weisheit konntest du nicht
Abwehren das Götterverderben?
Auch dich erkenn ich, auch dich, Aphrodite,
Einst die goldene! jetzt die silberne!
Zwar schmückt dich noch immer des Gürtels Liebreiz,
Doch graut mir heimlich vor deiner Schönheit,
Und wollt mich beglücken dein gütiger Leib,
Wie andere Helden, ich stürbe vor Angst –
Als Leichengöttin erscheinst du mir,
Venus Libitina!
Nicht mehr mit Liebe blickt nach dir,
Dort, der schreckliche Ares.
Es schaut so traurig Phöbos Apollo,
Der Jüngling. Es schweigt seine Leir,
Die so freudig erklungen beim Göttermahl.
Noch trauriger schaut Hephaistos,
Und wahrlich, der Hinkende! nimmermehr
Fällt er Heben ins Amt,
Und schenkt geschäftig, in der Versammlung,
Den lieblichen Nektar – Und längst ist erloschen
Das unauslöschliche Göttergelächter.

Ich hab euch niemals geliebt, ihr Götter!
Denn widerwärtig sind mir die Griechen,
Und gar die Römer sind mir verhaßt.
Doch heil'ges Erbarmen und schauriges Mitleid
Durchströmt mein Herz,
Wenn ich euch jetzt da droben schaue,
Verlassene Götter,
Tote, nachtwandelnde Schatten,
Nebelschwache, die der Wind verscheucht –

Und wenn ich bedenke, wie feig und windig
Die Götter sind, die euch besiegten,
Die neuen, herrschenden, tristen Götter,
Die Schadenfrohen im Schafspelz der Demut –
O da faßt mich ein düsterer Groll,
Und brechen möcht ich die neuen Tempel,
Und kämpfen für euch, ihr alten Götter,
Für euch und eur gutes, ambrosisches Recht,
Und vor euren hohen Altären,
Den wiedergebauten, den opferdampfenden,
Möcht ich selber knien und beten,
Und flehend die Arme erheben –

Denn, immerhin, ihr alten Götter,
Habt ihr's auch ehmals, in Kämpfen der Menschen,
Stets mit der Partei der Sieger gehalten,
So ist doch der Mensch großmüt'ger als ihr,
Und in Götterkämpfen halt ich es jetzt
Mit der Partei der besiegten Götter.
Also sprach ich, und sichtbar erröteten
Droben die blassen Wolkengestalten,
Und schauten mich an wie Sterbende,
Schmerzenverklärt, und schwanden plötzlich.
Der Mond verbarg sich eben
Hinter Gewölk, das dunkler heranzog;
Hoch aufrauschte das Meer,
Und siegreich traten hervor am Himmel
Die ewigen Sterne.

VII
Fragen

Am Meer, am wüsten, nächtlichen Meer,
Steht ein Jüngling-Mann,
Die Brust voll Wehmut, das Haupt voll Zweifel,
Und mit düstern Lippen fragt er die Wogen:

»O löst mir das Rätsel des Lebens,
Das qualvoll uralte Rätsel,

Worüber schon manche Häupter gegrübelt,
Häupter in Hieroglyphenmützen,
Häupter in Turban und schwarzem Barett,
Perückenhäupter und tausend andre
Arme, schwitzende Menschenhäupter –
Sagt mir, was bedeutet der Mensch?
Woher ist er kommen? Wo geht er hin?
Wer wohnt dort oben auf goldenen Sternen?«

Es murmeln die Wogen ihr ew'ges Gemurmel,
Es wehet der Wind, es fliehen die Wolken,
Es blinken die Sterne, gleichgültig und kalt,
Und ein Narr wartet auf Antwort.

VIII
Der Phönix

Es kommt ein Vogel geflogen aus Westen,
Er fliegt gen Osten,
Nach der östlichen Gartenheimat,
Wo Spezereien duften und wachsen,
Und Palmen rauschen und Brunnen kühlen –
Und fliegend singt der Wundervogel:

»Sie liebt ihn! sie liebt ihn!
Sie trägt sein Bildnis im kleinen Herzen,
Und trägt es süß und heimlich verborgen,
Und weiß es selbst nicht!
Aber im Traume steht er vor ihr,
Sie bittet und weint und küßt seine Hände,
Und ruft seinen Namen,
Und rufend erwacht sie und liegt erschrocken,
Und reibt sich verwundert die schönen Augen –
Sie liebt ihn! Sie liebt ihn!«

An den Mastbaum gelehnt, auf dem hohen Verdeck,
Stand ich und hört ich des Vogels Gesang.
Wie schwarzgrüne Rosse mit silbernen Mähnen,
Sprangen die weißgekräuselten Wellen;

Wie Schwänenzüge schifften vorüber,
Mit schimmernden Segeln, die Helgolander,
Die kecken Nomaden der Nordsee;
Über mir, in dem ewigen Blau,
Flatterte weißes Gewölk
Und prangte die ewige Sonne,
Die Rose des Himmels, die feuerblühende,
Die freudvoll im Meer sich bespiegelte; –
Und Himmel und Meer und mein eigenes Herz
Ertönten im Nachhall:
»Sie liebt ihn! sie liebt ihn!«

IX

Im Hafen

Glücklich der Mann, der den Hafen erreicht hat,
Und hinter sich ließ das Meer und die Stürme,
Und jetzo warm und ruhig sitzt
Im guten Ratskeller zu Bremen.

Wie doch die Welt so traulich und lieblich
Im Römerglas sich widerspiegelt,
Und wie der wogende Mikrokosmus
Sonnig hinabfließt ins durstige Herz!
Alles erblick ich im Glas,
Alte und neue Völkergeschichte,
Türken und Griechen, Hegel und Gans,
Zitronenwälder und Wachtparaden,
Berlin und Schilda und Tunis und Hamburg,
Vor allem aber das Bild der Geliebten,
Das Engelköpfchen auf Rheinweingoldgrund.
Oh, wie schön! wie schön bist du, Geliebte!
Du bist wie eine Rose!
Nicht wie die Rose von Schiras,
Die hafisbesungene Nachtigallbraut;
Nicht wie die Rose von Saron,
Die heiligrote, prophetengefeierte; –
Du bist wie die Ros im Ratskeller zu Bremen.
Das ist die Rose der Rosen,

Je älter sie wird, je lieblicher blüht sie,
Und ihr himmlischer Duft, er hat mich beseligt,
Er hat mich begeistert, er hat mich berauscht,
Und hielt mich nicht fest, am Schopfe fest,
Der Ratskellermeister von Bremen,
Ich wäre gepurzelt!

Der brave Mann! wir saßen beisammen
Und tranken wie Brüder,
Wir sprachen von hohen, heimlichen Dingen,
Wir seufzten und sanken uns in die Arme,
Und er hat mich bekehrt zum Glauben der Liebe –
Ich trank auf das Wohl meiner bittersten Feinde,
Und allen schlechten Poeten vergab ich,
Wie einst mir selber vergeben soll werden –
Ich weinte vor Andacht, und endlich
Erschlossen sich mir die Pforten des Heils,
Wo die zwölf Apostel, die heil'gen Stückfässer,
Schweigend pred'gen, und doch so verständlich
Für alle Völker.

Das sind Männer!
Unscheinbar von außen, in hölzernen Röcklein,
Sind sie von innen schöner und leuchtender
Denn all die stolzen Leviten des Tempels
Und des Herodes Trabanten und Höflinge,
Die goldgeschmückten, die purpurgekleideten –
Hab ich doch immer gesagt,
Nicht unter ganz gemeinen Leuten,
Nein, in der allerbesten Gesellschaft,
Lebte beständig der König des Himmels!

Halleluja! Wie lieblich umwehen mich
Die Palmen von Beth El!
Wie duften die Myrrhen vom Hebron!
Wie rauscht der Jordan und taumelt vor Freude! –
Auch meine unsterbliche Seele taumelt,
Und ich taumle mit ihr und taumelnd

Bringt mich die Treppe hinauf, ans Tagslicht,
Der brave Ratskellermeister von Bremen.

Du braver Ratskellermeister von Bremen!
Siehst du, auf den Dächern der Häuser sitzen
Die Engel und sind betrunken und singen;
Die glühende Sonne dort oben
Ist nur eine rote, betrunkene Nase,
Die Nase des Weltgeists;
Und um die rote Weltgeistnase
Dreht sich die ganze, betrunkene Welt.

X
Epilog

Wie auf dem Felde die Weizenhalmen,
So wachsen und wogen im Menschengeist
Die Gedanken.
Aber die zarten Gedanken der Liebe
Sind wie lustig dazwischenblühende,
Rot' und blaue Blumen.

Rot' und blaue Blumen!
Der mürrische Schnitter verwirft euch als nutzlos,
Hölzerne Flegel zerdreschen euch höhnend,
Sogar der hablose Wanderer,
Den eur Anblick ergötzt und erquickt,
Schüttelt das Haupt,
Und nennt euch schönes Unkraut.
Aber die ländliche Jungfrau,
Die Kränzewinderin,
Verehrt euch und pflückt euch,
Und schmückt mit euch die schönen Locken,
Und also geziert, eilt sie zum Tanzplatz,
Wo Pfeifen und Geigen lieblich ertönen,
Oder zur stillen Buche,
Wo die Stimme des Liebsten noch lieblicher tönt
Als Pfeifen und Geigen.